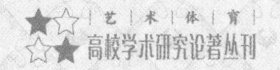

小学体育教育与教学设计

刘 洋 著

中国书籍出版社

图书在版编目 (CIP) 数据

小学体育教育与教学设计 / 刘洋著 . -- 北京：中国书籍出版社 , 2022.5
ISBN 978-7-5068-9032-8

Ⅰ.①小… Ⅱ.①刘… Ⅲ.①体育课 – 教学研究 – 小学 Ⅳ.① G623.82

中国版本图书馆 CIP 数据核字（2022）第 089562 号

小学体育教育与教学设计

刘 洋 著

丛书策划	谭 鹏 武 斌
责任编辑	张 娟 成晓春
责任印制	孙马飞 马 芝
封面设计	东方美迪
出版发行	中国书籍出版社
地 址	北京市丰台区三路居路 97 号 (邮编：100073)
电 话	（010）52257143（总编室） （010）52257140（发行部）
电子邮箱	eo@chinabp.com.cn
经 销	全国新华书店
印 厂	三河市德贤弘印务有限公司
开 本	710 毫米 ×1000 毫米 1/16
字 数	231 千字
印 张	13.75
版 次	2023 年 3 月第 1 版
印 次	2023 年 3 月第 1 次印刷
书 号	ISBN 978-7-5068-9032-8
定 价	72.00 元

版权所有　翻印必究

目 录

第一章　体育教育的基本认知 ·· 1
　　第一节　体育的概念与基本手段 ·· 3
　　第二节　体育教育的本质、主体与规律 ································ 4
　　第三节　体育教育的功能与目标 ·· 10
　　第四节　体育教育的内容 ·· 14
　　第五节　体育教育的环境 ·· 19

第二章　小学体育教育与卫生保健 ·· 25
　　第一节　现代体育的构成与发展趋势 ···································· 27
　　第二节　现代体育的功能与传播价值 ···································· 31
　　第三节　体育运动的卫生保健 ·· 36

第三章　小学体育锻炼与健康 ·· 49
　　第一节　体育锻炼的特点与作用 ·· 51
　　第二节　体育锻炼促进身心健康 ·· 52
　　第三节　体育锻炼与社会适应能力的提高 ································ 57

第四章　小学体育教学设计的基本理论 ······································ 63
　　第一节　小学体育教学设计的基本认知 ·································· 65
　　第二节　小学体育教学设计的依据与原则 ································ 69
　　第三节　小学体育教学设计的流程与要素 ································ 72

第五章　小学体育教学计划与教学策略的设计 ·································· 77
　　第一节　小学体育教学计划的设计 ······································ 79
　　第二节　小学体育教学策略的设计 ······································ 84

第六章　小学体育教学目标的设计 ·· 89
　　第一节　小学体育课程目标与教学目标 ·································· 91

· 1 ·

        第二节　小学体育各个层次的教学目标……………………………… 101
        第三节　小学体育教学目标的编写与表述……………………………… 109
第七章　小学体育教学内容的设计………………………………………………… 115
        第一节　小学体育教学内容的选择……………………………………… 117
        第二节　小学体育教学内容的加工……………………………………… 120
        第三节　小学体育课程资源的开发与利用……………………………… 122
        第四节　小学体育课的教材建设………………………………………… 139
第八章　小学体育教学过程与方法的设计………………………………………… 147
        第一节　小学体育教学过程的基本认知………………………………… 149
        第二节　小学体育教学过程的设计与呈现……………………………… 155
        第三节　小学体育教学方法的恰当选择与合理运用…………………… 159
第九章　小学体育教学媒体的设计………………………………………………… 179
        第一节　小学体育教学媒体的基本认知………………………………… 181
        第二节　小学体育教学媒体的设计……………………………………… 185
        第三节　小学体育教学媒体设计的呈现………………………………… 190
第十章　小学体育教学评价的设计………………………………………………… 193
        第一节　小学体育教学评价的基本认知………………………………… 195
        第二节　小学体育教学评价的内容与方法设计………………………… 200
        第三节　小学体育教学评价的组织与实施设计………………………… 205
        第四节　小学体育教学评价设计的注意事项…………………………… 207
参考文献……………………………………………………………………………… 211

第一章 体育教育的基本认知

体育是人类社会文化生活中不可或缺的一部分,而且伴随着人类社会文化的发展不断得到完善。自古以来,我国就极为重视体育,并积极创设良好的环境来开展体育教育。本章对体育以及体育教育的相关内容进行详细阐述。

第一节　体育的概念与基本手段

一、体育的概念

虽然在我国古代典籍中并没有"体育"一词,但是却形成了丰富的身体锻炼和保健教育方面的内容。19世纪末,随着鸦片战争的爆发,我国闭关自守的局面被打破,"体操"也随之传入我国。此时,我国开始用"体操"来概括身体锻炼和保健教育方面的内容。清政府颁布的《学堂章程》中,就明确规定各级各类学堂都把《体操课》(即现在的体育课)列为必修课。

进入20世纪后,"体育"一词传入我国。在很长的一段时期内,"体操"和"体育"两词在我国是通用的。比如,毛泽东同志于1917年所写的《体育之研究》一文,标题中用了"体育"一词,而在文内则用了"体操课""体操教习"(体育教育)。五四运动以后,北洋政府颁布了新学制,并在新学制的课程标准中正式将"体操课"改为"体育课"。不过,此时的"体育"一词主要指的是身体教育,是学校的一门课程,是学校教育的组成部分。中华人民共和国成立后,随着我国体育事业的不断发展,"体育"一词不再局限于教育范畴,所指范围不断扩大,成为包括竞技运动和体育锻炼在内的一个总的体育概念体系。

具体来看,体育就是以身体练习为基本手段,以增强体质,促进人的全面发展,提高运动技术水平,丰富社会文化生活,加强精神文明建设而进行的一种有意识、有目的的身体活动和社会活动。体育不仅会受到社会政治、经济的影响,而且在一定程度上受社会文化教育的制约。此外,体育能够对社会发展产生积极的作用,如促进社会生产力的发展,推动社会精神文明建设等。

二、体育的基本手段

体育的基本手段是身体练习。不论是进行体育教学、运动训练，还是进行体育锻炼和运动竞赛，身体练习都是必须要有的。

所谓身体练习，就是人们为了锻炼身体、增强体质和提高运动技术水平所采用的各种体育动作的总称。身体练习的动作既可以是单个的，也可以是成套的。此外，在进行身体练习时，要充分考虑到体育的任务与要求，否则所进行的身体活动不能被称为身体练习。比如，日常生活中为赶时间而跑步，与体育动作的跑在动作结构和形式上是相似的，但其目的不是进行身体锻炼，而且对人体的影响是有限的，因此就不属于身体练习的范畴。

身体练习的种类有很多，方法也处于不断地完善与更新之中。随着社会生产力的发展、科学文化的进步和体育活动的广泛开展，身体练习的种类还将不断增多，身体练习的方法也将不断改善。

还需要注意的一点是，身体练习要想取得最佳的体育锻炼效果，必须注意与必要的卫生措施相结合。

第二节 体育教育的本质、主体与规律

一、体育教育的本质

要科学地开展体育教育，必须要明确体育教育的本质；要有效地实施体育教学活动，也必须要掌握体育教育的本质。因此，对体育教育的本质进行探究是很有必要的。对体育教育本质的研究情况，在很大程度上影响着体育教育的科学化程度与现代化水平。在历史上，很多体育学者都对体育教育的本质进行过表述。他们对体育教育本质的认识并不相同，并以此为依据提出了具有鲜明特色的体育教育思想。对他们所提出的体育教育思想进行分析会发现，有些观点并不都是正确的，会对体育教育的发展造成不利影响。因此，准确把握体育教育的本质是很有必

要的。接下来,从以下几个方面对体育教育的本质进行讨论。

(一)体育教育与社会政治、经济存在相互作用

体育教育与社会政治、经济存在相互作用,主要表现在两个方面:一方面,体育教育的发展不是孤立的,而是受到社会政治、经济发展的制约;另一方面,体育教育在发展的过程中会培养出更多全面发展的人才,这些人才在进入社会后,能推动社会经济的进一步发展。因此,不论是古代的体育教育还是现代的体育教育,都重视培养社会所需要的健康体魄和意志品质。比如,在古希腊时期,斯巴达教育中的一项重要内容便是体育,而且注重将体育与军事训练相结合,培养青少年一代的尚武精神,为战争服务。在当代,体育教育更是重视培养学生的综合素质,期望将学生培养为合格的社会主义建设者。

(二)体育教育是全面发展教育的组成部分

马克思主义教育观认为,要促进一个人的全面发展,仅仅使其获得健康的身体还不够,必须要使其身心都能得到健康发展。因此,体育教育是全面发展教育的一个重要组成部分。

体育教育的开展是以学生的身体练习为基本手段的,并以身体教育或透过身体教育的角度来推进学生的全面发展。此外,体育教育的开展必须以育人为目的和出发点。也就是说,在开展体育教育时,除了要开展体育活动和体育训练来增强学生的体质外,还需要教给学生较为系统的体育知识,培养学生的体育技能和意志品质,使其成为德、智、体、美、劳全面发展的学生。

二、体育教育的主体

体育教育的开展深受体育教师和学生这两大主体的影响。因此,要保证体育教育的顺利开展并取得理想的成效,必须要充分尊重学生的主体地位,并发挥体育教师的主导作用。

（一）体育教师

1. 体育教师发挥主导作用的原因

体育教师在实施体育教育时,必须要重视发挥自己的主导作用。在体育教育过程中,体育教师起着主导作用。之所以这样说,原因主要有两点。第一,体育教师最为根本的职责是教书育人,而且体育教师相比学生来说,不论是在生理上还是心理上都更为成熟,而且掌握了更多系统性的体育知识与技能。因此,在开展体育教育活动时,体育教师自然要处于主导地位。与此同时,体育教师在开展体育教育活动时,必须以社会的要求为前提来设计体育教育的目标、组织体育教育活动,使学生在体育教育活动中掌握一定的体育知识与技能,形成一定的体育能力。第二,教师的素养为其在教育教学过程中发挥导向和组织作用奠定了重要基础。体育教师在成为专门的教育者之前,会接受专门的训练,从思想、知识、能力等各方面来提高自己。因此,体育教师不论是在体育思想和体育知识方面,还是在体育技能方面,都要远远高于学生。这就决定了体育教师有能力为学生提供指导与帮助,也有能力为学生设计、组织、实施良好的教育教学与学习环境,引导学生积极参与到教育教学活动之中。

2. 体育教师发挥主导作用的表现

体育教师在体育教育的主导作用,具体表现在以下几个方面。

第一,体育教师是对体育教育教学思想进行执行与贯彻的主导者。之所以这样说,是因为体育教师设计、组织和实施体育教育教学活动,都必须在体育教育教学思想的指导下进行。

第二,体育教师以社会要求为依据,提出与学生相适应的体育教育目标,并组织学生参与到相应的体育教育实践之中。在这一过程中,学生可能会遇到一些学习问题或学习困难,需要体育教师及时为其提供帮助,使其能够更有效地进行学习,继而达成预定的体育教育目标。

第三,体育教师承担着对体育教育内容进行选择与加工的任务,是选择和加工体育教育内容的主导者。对于体育教师来说,其需要从社会要求、学科要求和学生的需要出发,选择、加工并组织体育教育内容,并确保体育教育内容的实施有助于体育教育目标的达成。

第四,体育教师是选择和运用体育教育方法的主导者。体育教育的开展需要借助于一定的方法,而不同的体育教育方法所能够实现的体育教育结果是有差异的。这就决定了体育教师在选择体育教育方法时,必须充分考虑到不同体育教育方法的优劣势,然后结合体育教育目标和体育教育对象的实际情况等进行选择。因此,其是选择和运用体育教育方法的主导者。

第五,体育教师是进行体育教育评价的主导者。体育教师在开展体育教育的过程中,需要评价学生的态度以及体育教育的效果,继而为接下来更好地开展体育教育提供依据。体育教育评价主要是由体育教师来实施的,因而其是进行体育教育评价的主导者。

第六,体育教师是学生良好学习方式的主导者。在学生的体育知识学习与体育技能练习过程中,体育教师要引导学生将各种零散的知识"串联"起来,并将其灵活地、有创造性地运用到体育生活实践中去,从而帮助学生形成自主学习与探究的能力。从这一角度来说,体育教师是学生良好学习方式的主导者。

第七,体育教师是创造良好体育教育环境的主导者。体育教育是在特殊的环境中展开的,而且体育教育的环境应该是安全的、舒适的,有助于学生掌握体育知识和技能的。由于营造良好的体育教育环境是体育教师的一项重要任务,因而体育教师是创造良好体育教育环境的主导者。

3. 体育教师发挥主导作用的条件

体育教师要想在体育教育中充分发挥自己的主导作用,必须具备以下几个条件。

第一,体育教师要熟知体育教育教学观念,即体育教师要明确体育"为什么教"。只有明确了这一点,体育教师才能更好地明确体育教育的目标与方法,从而确保体育教育能够取得理想的效果。

第二,体育教师要熟知体育教育的资源,明确体育教育的重点与难点。在此基础上,体育教师才能更好地确定体育教育的目标,明确体育教育目标的实现载体等。

第三,体育教师熟知学生。体育教育的对象是学生,体育教师只有深入地了解学生,才能切实以学生实际情况为根据来开展体育教育活动,确保体育教育的针对性和可行性。

(二)学生

体育教育的对象是学生,而可教性是学生作为体育教育对象的身心基础。体育教育作为一种教育活动,需要参与其中的学生愿意并能够接受教育,能够作为体育教育的对象而存在和活动。

1. 学生主体地位的表现

由于学生是体育教育的主体,因而学生在体育教育过程中要充分发挥自己的主体作用。对于学生来说,其主体性主要表现在以下几个方面。

第一,对于学生来说,要想充分发挥自己在体育教育过程中的主体作用,就需要在体育教育过程中充分发挥自己的能动性,积极主动地接受体育教育的影响,以自己的知识经验体系和兴趣动机为基础来获取体育知识与技能,使之转化为自己的认知结构并使之"个性化",构成自己个性的基本部分。

第二,学生在参与体育教育的过程中,可以自主地选择体育学习的内容和方法。

第三,学生在参与体育教育的过程中,可以对自己的学习活动进行一定的自我支配、自我调节和控制,从而确定自己个性化的学习方式与学习行为。

第四,学生在参与体育教育的过程中,可以充分发挥自身的潜力,培养自己的想象能力、创新能力等。

2. 学生发挥主体作用的条件

学生要想在体育教育中充分发挥自己的主导作用,必须具备以下几个条件。

第一,学生要能够在体育教师的指导与帮助下,将体育教师所设定的体育教育目标转化为自己的学习目标。只有这样,学生才能真正自主地进行学习。

第二,学生要能够在体育教师的指导下,明确所使用的体育教育资源,并掌握体育教育的重点与难点。在此基础上,学生才能更有针对性地进行自主学习活动。

第三,学生要能够在体育教师的帮助下,积极地将体育教师的教育过程转化为自己的学习过程,自主地进行学习探究。

第四,学生要能够获得民主的体育教育环境。只有在民主的体育教育环境中,才能激发学生大胆好奇地探索,才能诱发学生产生和提出各种各样的问题。

(三)体育教育中教师与学生的关系

学生虽然是体育教育的主体,但这并不意味着学生可以不受教师主导作用的影响。事实上,学生的主体地位与教师的主导作用并非冲突的,而是存在着相辅相成的关系。两者之间进行有效的互动,不仅能帮助体育教师更好地开展体育教育活动,而且有助于学生更积极主动地参与到体育教育活动之中,达成预定的体育教育目标。因此,"正确地教"和"积极地学"是密不可分的。缺少了"正确地教",学生上课的积极性会受到打击,而且不利于课堂秩序的维护;缺少了"积极地学",则教育和学习都会变得没有意义;"正确地教"和"积极地学"全都缺少,那么一堂课的效果自然是极差的。因此,"正确地教"和"积极地学"必须有机地融合在一起。

三、体育教育的规律

体育教育的规律,具体来说有以下几个。

(一)体育运动认知规律

在体育教育的规律中,体育运动认知规律是十分重要的一个方面。体育运动认知规律指的是在开展体育教育的过程中,可以有效提高学生对速度、力量、方位、时间、高度等进行识别与控制的能力。为此,体育教师在开展体育教育活动时,应特别注意提高学生的运动认知能力。具体可从以下两个方面着手。

第一,要注意培养学生的整体感知能力,以便学生能够更好地感知器械的速度、重量等。

第二,要重视对学生的空间感知能力进行培养,以便学生能够更好地对方向进行判别。

（二）体育运动技能形成规律

学校在开展体育教育时，一项重要的任务便是教给学生一定的运动技能，提高学生的运动能力。一般来说，运动技能的形成需要经历三个阶段，即学会运动技能的阶段、逐渐熟练运动技能的阶段和不断巩固运动技能的阶段。虽然说在具体开展体育教育活动时，无法对这三个阶段进行准确的划分，但运动技能的形成规律是必须要遵循的。

（三）运动负荷变化与控制规律

在体育教育的规律中，运动负荷变化与控制规律也是十分重要的一个。所谓运动负荷变化与控制规律，就是在体育教育学过程中，既要合理地利用生理负荷，又要合理地控制生理负荷。一般来说，当学生的身体机能活动处于最强的阶段时，可以适当安排大负荷的运动项目，而当学生的身体机能活动处于上升或下降的阶段时，需要对运动负荷进行一定的控制。

（四）体验运动乐趣规律

学校在开展体育教育时，要想确保教学的质量和效果，必须要提高学生参与体育教育活动的积极性和主动性。要实现这一点，首先应确保学生对体育运动感兴趣。那么，如何才能提高学生对体育运动的兴趣呢？一个有效的方法是让学生不断地体验到运动的乐趣。因此，体育教师在开展体育教育活动时也必须遵循体验运动乐趣规律。

第三节 体育教育的功能与目标

一、体育教育的功能

（一）体育教育的一般功能

体育教育的一般功能主要有两个，即教养功能和教育功能。

第一章　体育教育的基本认知

1. 教养功能

体育教育的教养功能指的是通过开展体育教育,可以使学生学习体育的知识、技术和技能,学会锻炼身体的一些方法。在开展体育教育的过程中体育教师既要向学生传授系统的、前沿的体育知识,又要将前人总结的各种运动技术传授给学生。如此一来,体育教育的教养功能便能够实现了。

体育教育在发挥自己的这一功能时,主要是以实际操作的形式来实现的。也就是说,学生只有真正参与到体育教育之中,对体育运动进行操作与体验,才能有效地掌握体育知识和体育技能。

2. 教育功能

学生正处于世界观形成的重要时期,有着很大的可塑性。学生在参与体育教育的过程中,其思想品德会得到一定程度的提升,还能够养成爱国主义意识和集体主义精神,形成顽强的品格和拼搏进取的精神,学会遵守纪律和团结合作的重要性,等等。这些都体现了体育教育的教育功能。

(二)体育教育的特殊功能

体育教育的特殊功能,也就是体育教育区别于一般教育的功能,即能够锻炼学生的身体、增强学生的体质。体育教育的一个重要目标是教会学生去合理、有效地利用、保护和促进身体发展,因而学生在参与体育教育的过程中,身体素质会不断提高。体育教育的特殊功能在很多方面都有所体现,下面对此进行详细分析。

第一,体育教育可以使学生在参与体育运动的过程中提高机体的新陈代谢能力、循环和供氧能力等,从而使自身的身体机能不断完善。比如,很多小学中都开设了篮球课程,而小学生在参与篮球运动的过程中,身体各方面的机能会得到有效改善,运动能力也会进一步有所提高。

第二,体育教育可以使学生在参与体育运动的过程中体质得到进一步增强,这可以说是体育教育特殊功能的最主要表现。学生通过参与体育教育活动,并借助于多元化的体育锻炼方法,可以使身体的各个部分和各个器官等都得到有效的锻炼,继而有效地促进身体各部分和各个器官的健康成长与发展,最终形成健康的形体。

第三,学生在参与体育教育的过程中,可以不断提升自己的身体素质。学生在拥有了良好的身体素质后,自然可以在一定程度上防病强身。此外,一些体育活动本身在改善神经衰弱、降低高血压、减少糖尿病和肥胖症等方面发挥着十分重要的作用,学生减少了这方面的问题,其身体健康状况自然会越来越好。

第四,学生是在一定的环境中参与体育教育的,在这一过程中,学生可以增强自己对外在环境的适应能力,从而减少或减缓疾病,促进身体的健康发展。

第五,学生在参与体育教育的过程中可以缓解紧张和精神压力,消除疲劳,排遣不良情绪,延缓衰老,延长寿命。

(三)体育教育的社会功能

体育教育的社会功能,主要体现在以下几个方面。

第一,体育教育有助于体育文化的传承。在一个国家和民族的发展中,文化是必不可少的一项内容。在文化的构成中,体育文化是十分重要的一部分。很多国家和民族在很早就产生了体育运动和体育文化,并伴随着社会的发展而呈现出多样化的特点。要想将优秀的体育文化传承与发展,就必须充分发挥体育教育的作用。

第二,体育教育有助于完善人的个性,形成良好的心理素质。身心是合一的,体育教育既能促进学生的身体健康,也能增强学生的心理健康。这是因为,学生在参与体育教育的过程中心情会变得十分舒畅,精神状态也会变好,还可以认识到自己在性格、心理方面存在的一些不足,继而自觉地在体育教师的帮助下进行调整。如此一来,学生便能够获得更为健康的身心。此外,在开展体育教育时,体育教师会注重通过自己的言行来引导学生形成正确的世界观、人生观和价值观,还会引导学生形成良好的心理品质,这对于学生心理的健康发展也是极为有利的。

第三,体育教育有助于协调人际关系,促进青少年的社会化。人是社会的产物,而且人的生存与发展离不开社会交往。个体要想有效地进行社会交往,首先应学会如何与他人进行交往。体育教育是个体普及社会化理想的组织教育过程,对于个体学会与他人进行良好的社会交往具有积极的意义。具体来看,在体育教育过程中,可以培养学生的集体主义精神,引导学生学会与他人进行合作,交给学生处理人际关系的方法,等等。学生掌握了这些内容,对于实现自身的社会化进程具有重要的作用。

二、体育教育的目标

(一)体育教育目标的含义

体育教育目标是指在一定的时间和范围内,体育教育工作所期望达到的要求、结果和标准。通常而言,体育教育目标应符合以下几方面的要求。

第一,体育教育目标应具有指向性。也就是说,体育教育目标要与体育教育的发展方向相符合,并能够促进我国体育事业的进一步发展。

第二,体育教育目标应具有社会性。也就是说,体育教育目标要能够反映社会的发展要求以及统治阶级的意志与利益,否则体育教育目标是难以实现的。

第三,体育教育目标应具有层次性。也就是说,体育教育目标作为一个目标系统,应包括多个具有递进或从属关系的目标,而且在一个大的体育教育目标中应包括多个小的、有序的体育教育目标。

第四,体育教育目标应具有可测性。也就是说,体育教育目标的实现情况应可以通过一定的衡量标准体现出来。为此,需要对体育教育目标进行量化,确保其是可以进行观察与测量的。

第五,体育教育目标应具有可行性。也就是说,体育教育目标在经过一定的努力后是可以实现的。这就要求体育教育目标必须要与实际相符合,而且要与相关组织和人员的能力相符合,既不可定得过高,也不可定得太低。

(二)体育教育目标的制订

在制订体育教育目标时,应充分考虑到以下几个方面。

第一,我国的国情。在制订体育教育目标时,必须充分考虑到我国的实际情况,包括我国的国情、我国各级各类学校的具体条件等。只有考虑到这一点,才能确保所制订的体育教育目标具有可行性。

第二,体育教育的本质特征。只有遵循体育教育的本质来制订体育教育目标,才能保证体育教育的多样化功能得以实现,也才能够保证体育教育目标的全面性和系统性。

第三,学校的教育方针、体育方针与政策。教育方针体现了国家对学校体育的重视、关怀,同时也体现了国家对体育教育工作的基本要求,因此,体育教育目标的制订必须遵循国家的方针政策。

第四,学生的身心发展特点。青少年儿童在生长发育的不同阶段和不同时期具有不同生长发育特点,因此要切合不同学生年龄实际,提出科学而合理的体育教育目标体系。

(三)现阶段我国体育教育的总目标

我国体育教育的总目标是全面锻炼学生的身体,使学生身心健康、和谐发展;使学生熟练掌握一定的体育知识和技能;培养学生的综合素质,促进学生德、智、体、美全面发展。

第四节 体育教育的内容

要实现体育教育的目标,必须以恰当的体育教育内容为载体;要展现体育教育的核心价值,也必须通过体育教育内容来实现。这表明,体育教育内容在体育教育中占据着重要的地位。因此,必须高度重视体育教育内容的选择。

一、体育教育内容的含义

以体育教育的目标及其实施要求、学生的身心特点和发展需求等为依据,借助于一定的身体运动,促进学生体质的增强,帮助学生形成体育意识和掌握一定的体育技能知识、原理与方法等,都属于体育教育内容的范畴。要判断一项内容是否属于体育教育内容,可以参考以下几个要求。

第一,是否与社会的发展要求相符合,是否与教育的发展方向保持一致。

第二,是否有助于体育教育目标的实现和体育教育任务的完成。

第三,是否能充分调动起身体各肌肉群,促进学生身体技能的提升以及身体素质的提高。

第四,是否有关于身体运动的知识、原理与方法,是否有助于学生掌握一定的运动技能,形成一定的运动能力。

第五,是否有助于学生调节心理状态,形成良好的心理素质。

二、体育教育内容的特性

(一)教育性

体育教育作为教育的一个重要组成部分,决定了其教育内容必然要具有一定的教育性。体育教育内容的教育性,主要体现在以下几个方面。

第一,有助于增强学生的体质,提高学生各身体器官的机能。

第二,有助于学生了解、掌握教育系统的体育知识,完善自己的知识体系,提高自身的文化修养。

第三,有助于学生形成良好的个性,塑造优良的心理品质。

第四,有助于学生认识到与人交往的重要性,继而积极与他人进行良好的社会交往,提高自己的社会交往能力。

第五,有助于学生意识到团结协作的重要性,并切实树立起集体意识。

(二)非逻辑性

体育教育内容的这一特性,是与其他教育内容相区别的一个重要因素。对于体育教育内容的这一特性,可以从以下几个方面进行理解。

第一,体育教育内容在进行安排时,往往不是由易到难或是由基础到高级。也就是说,体育教育内容没有一定的逻辑性。

第二,体育教育内容在进行排列时,之前出现的内容在后面也会出现。也就是说,体育教育内容并不是按照直线递进的方式来进行排列的。

第三,体育教育内容中所涉及的运动项目、身体练习等并非不可替代的,因而体育教师往往可以依据学校、学生以及自身的实际情况灵活地选择体育教育内容。

(三)科学性

体育教育内容的科学性,是通过以下几个方面体现出来的。

第一,体育教育内容是在对相关知识与经验进行科学分析与反复实践的基础上得出的。

第二,体育教育内容的选择与开发必须遵循体育教育的基本规律。

第三,体育教育内容并不是一成不变的,而是会随着时代的发展和社会的进步而有一定的更新。

(四)健身性

体育教育的一个重要目的便是增强学生的体能,增进学生的身体健康。此外,体育教育内容的学习是通过身体的运动实践来完成的,而学生在进行身体运动实践时,往往需要调动多块肌肉共同参与。在这一过程中,学生的各项身体机能会得到提高,身体素质自然也会越来越好。从这一角度来说,体育教育内容必须要具有健身性。

(五)空间约定性

体育教育内容只能在特定的时空内,借助于一些特定的体育设施予以实施,这便是体育教育内容的空间约定性。举个简单的例子,乒乓球运动教学必须要有乒乓球台和乒乓球拍才能开展。缺少了特定的时空和特定的体育器材,体育教育内容是无法付诸实践的。

(六)系统性

关于体育教育内容的系统性,可以从以下两个方面进行分析。

第一,体育教育内容虽然没有严格的逻辑结构,但内容的选择与组织都有一定的要求,而且所有的体育教育内容都是围绕着某一目的或主题进行选择与组织的,因而必然具有一定的系统性。

第二,体育教育内容的选择与组织要充分考虑到教育对象,而不同的教育对象在身心发展特点以及体育需求等方面是有较大差异的,因而在具体选择与组织体育教育内容时,要确保所有的教育对象都能通过体育教育活动有所收获,同时要确保他们的体育知识能够不断丰富并形成体系,体育技能逐步提升。

(七)实践性

在体育教育内容的特性中,最为突出的一个便是实践性。体育教育内容是在实践中得出的,同时体育教育内容的价值只有在实践中才能得到体现。因此,在选择体育教育内容时,必须要考虑其是否有实践的可能性。若无法进行实践,则不能被选入体育教育内容之中。此外,学生在学习体育教育内容时,必须要积极参与到实际的体育运动之中,而且需要对所学的体育运动进行反复练习。这些都表明,体育教育内容具有实践性。

(八)特殊性

体育教育内容的特殊性特点,主要是通过以下几个方面表现出来的。

第一,体育教育内容自学前教育开始,一直延续到学生的学习生涯结束,甚至可以延续到个体生命的终结。

第二,体育教育内容多数是在户外实施的,而且有不少体育教育内容对实施场地有特殊要求。比如,篮球、游泳、田径等体育教育内容需要在特定的场地,借助于特定的器材和装备来实施。

第三,体育教育内容的构成中,规则是一个重要的组成部分。也就是说,体育教育内容在实施中需要遵循一些特殊的规则。比如,在开展篮球运动时,必须要遵守篮球运动的基本规则。

三、体育教育内容的类型

体育教育内容是极为丰富的,而且体育教育内容依据不同的标准可以分为不同的类型。下面介绍几种常见的体育教育内容分类方式。

(一)以体育教学目标为标准进行分类

以体育教学目标为标准,可以将体育教育内容细分为以下几类。

第一,重在帮助学生掌握体育运动技能的教学内容。
第二,重在帮助学生掌握科学锻炼方法的教学内容。
第三,重在帮助学生发展自身体能的教学内容。
第四,重在帮助学生提高心理素质的教学内容。
第五,重在帮助学生提高安全意识与能力的教学内容。
第六,重在帮助学生提高社会交往能力的教学内容。

这种体育教育内容的分类标准是有一定目的性的,能够使学生学到尽可能多的内容,继而实现自身的全面发展。

(二)以学生的身体素质为标准进行分类

在进行体育教育内容分类时,也可以参考身体素质,即将体育教育内容按照学生的身体素质进行分类,具体有以下几类。

第一,重在提高学生力量素质的教学内容。
第二,重在提高学生速度素质的教学内容。
第三,重在提高学生柔韧素质的教学内容。
第四,重在提高学生灵敏素质的教学内容。
第五,重在提高学生耐力素质的教学内容。

依据这一标准对体育教育内容进行分类,可以帮助学生在进行身体素质训练时更有针对性。不过,这样的体育教育内容划分是不够严谨的,因为学生在参与某些体育运动时,往往要借助于多种身体素质才能实现。也就是说,一项体育运动会促进学生多种身体素质的提升,而仅仅只能提升学生某一身体素质的体育运动几乎是不存在的。

(三)以运动项目为标准进行分类

运动项目有很多,因而以这一标准对体育教育内容进行分类,会得到类型多样的体育教育内容,如篮球、足球、乒乓球、体操、曲棍球等。在当前的体育教育中,这一分类方式是十分常见的,它对于学生掌握多样化的体育运动知识与技能具有积极的意义。但是,每一项运动项目的开展都对客观环境有一定的要求,而且需要由专业体育教师实施。可是,不同的学校在体育教育条件、师资条件等方面是有一定差异的,因而只能开展特定的几项体育运动项目。不可否认,这一现实制约了体育教育内容的有效实施,也影响了体育教育的效果。不过,学校通过选择适合的体育运动项目,并依据自身的实际情况对其进行一定的改造,也能获得良好的体育教育效果。

(四)以人体的基本活动能力为标准进行分类

走、跑、跳等都属于人体的基本活动能力,按照这一标准对体育教育内容进行分类,可以将体育教育内容分为有助于人体走的能力发展的体育教育内容、有助于人体跑的能力发展的体育教育内容、有助于人体跳的能力发展的体育教育内容,等等。这样的体育教育内容分类,打破了正规体育运动项目的条框限制,也有助于学生身体机能的发展。但是,这样的体育教育内容分类方式会导致体育教育内容较为单一,很容易使学生失去学习的兴趣。此外,以人体的基本活动能力为标准对体育教育内容进行分类,并不适用于所有年级的学生。通常来说,对于低年级的学生可以采用这一标准分类下的体育教育内容,而高年级的学生则无法通过这些体育教育内容使自己的体育需求得到有效满足。

(五)以体育教育内容的呈现方式为标准进行分类

依据这一分类标准,可以将体育教育内容大致分为以下两类。

第一,显性的体育教育内容。这一类体育教育内容是可以通过学生的运动行为表现出来的,而且能够被他人进行感知与评价。此外,这一类体育教育内容对于学生运动行为的发展具有积极的意义,还有助于学生改变自己的一些不良行为。

第二,隐形的体育教育内容。这一类体育教育内容在潜移默化中对学生的心理发展产生影响,是无法通过学生的运动行为表现出来的,而且短期内无法看到成效。不过,其对学生的影响范围和影响深度是很大的,而且在很长的一段时期内都会有所影响。

第五节 体育教育的环境

体育教育是在一定的环境中进行的,而且体育教育的环境会对体育教育的效果产生重要的影响。基于此,必须要重视体育教育的环境,确保体育教育能够取得理想的效果。

一、体育教育环境的特点

体育教育环境的特点,具体来说有以下几个。

(一)体育教育环境具有特定的环境内涵

关于体育教育环境的这一特点,可以从以下几个方面进行理解。

第一,体育教育环境必须具有一定的教育意义,否则无法在体育教育中发挥积极的作用。

第二,体育教育环境在进行营造时,必须要以国家的教育方针为指导,同时也要考虑到学校的培养目标以及学校的实际情况等。

第三,体育教育环境是相对封闭的,外界社会以及社会人士对其产生的影响很少。同时,处在体育教育环境下的人们,通常都有着强烈的知识渴求。

第四,体育教育环境并非自发形成的,而是人为调节与控制的结果。也就是说,体育教师在进行体育教育时,可以依据实际情况对体育教育环境进行营造或调控,以确保体育教育活动顺利完成。

(二)体育教育环境具有特定的环境主体

体育教育环境的主体是由两部分组成的:一部分是体育教师与学生,另一部分是除体育教师以外的其他教职工。体育教师、学生和其他教职工之间存在相互作用,形成了多种社会关系与社会心理氛围。因此,要想保证体育教育的顺利开展并取得理想的效果,就必须重视体育教育环境的主体,促使彼此形成良好的关系。

(三)体育教育环境具有特定的环境区域

体育教育环境的这一特点,指的是体育教育环境具有相对固定的区域。这一区域相对外界社会而言,是封闭性的;相对内部师生而言,是开放性的。体育教育环境的开放性还表现在:体育教育环境会接收外界的影响,并将积极的影响转化为自身的一部分。

二、体育教育环境的功能

（一）导向功能

体育教育环境在进行构建时，最为看重的是环境是否具有教育意义，能否引导学生健康成长，使学生学会一定的生存技能，继而在走向社会后成为与社会期望所符合的人才。也就是说，体育教育环境承担着促进学生社会化的作用，而体育教育环境要实现这一作用，必须充分发挥自己的导向作用。

（二）美育功能

良好的体育教育环境中通常会蕴含着一些美的因素，当学生处于这样的环境之中，会在潜移默化中受到美的影响，继而形成正确的审美意识与审美情趣等，不断提高自己的审美感受与鉴赏能力。从这一角度来说，体育教育环境具有美育功能。

体育教育环境的这一功能，要求在构建体育教育环境的过程中，必须积极挖掘环境中美的因素。在具体进行挖掘时，可以从多个方面着手，如校园、体育场馆以及师生等。

（三）凝聚功能

体育教育环境的凝聚功能，主要是通过以下几个方面体现出来的。

第一，体育教育环境在进行组织与构建时，会对学生的实际情况进行综合考虑，确保所有的学生都能在体育教育环境学到系统的体育知识，掌握良好的体育技能，不断提高运动能力。

第二，体育教育环境在进行组织与构建时，会充分考虑学生的体育需求，确保学生的体育需求能够得到最大限度的满足。

第三，体育教育环境在进行组织与构建时，会重视平等、欢快、和谐的体育氛围的创设，这能够有效激发学生的体育学习积极性。

（四）陶冶功能

社会环境对人的思想、道德、情感、行为等的影响是很大的，而体育教育环境正是社会环境的重要组成部分。实践证明，学生处于良好的体育教育环境之中,不仅能够形成美好的心灵,还能够形成高尚的品质、良好的情操以及恰当的行为习惯等,这便是体育教育环境陶冶功能的重要体现。

(五)激励功能

体育教育环境的激励功能,主要是通过以下两个方面体现出来的。

第一,在良好的体育教育环境中,体育教师的工作动机会更为强烈,工作热情也会比较高,继而更积极主动地开展工作。

第二,在良好的体育教育环境中,学生会产生积极的学习动力,继而更主动地进行学习,使自己的学习取得理想的成果。

(六)健康功能

体育教育环境的健康功能,主要是通过以下两个方面体现出来的。

第一,体育教育环境会影响师生的生理健康状况。在体育教育环境中,师生需要经常性地开展体育教育活动,身体状况自然会得到不断提升。

第二,体育教育环境会影响师生的心理健康状况。在良好的体育教育环境中,师生会积极地面对体育教育活动,还能够形成和谐的人际关系等,这些都有利于师生心理的健康发展。

三、良好体育教育环境创设的原则

体育教育环境的创设情况,对于体育教育活动的实施效果会产生直接的影响。因此,在开展体育教学活动时,必须重视体育教育环境的科学创设。在对体育教育环境进行创设时,以下几个原则是必须要予以遵循的。

(一)目的性原则

体育教学活动的开展需要有良好的体育教育环境,而体育教学活动的开展又是为了实现一定的体育教学目的,因此在创设体育教育环境时,必须充分考虑到体育教学的目的。一般来说,体育教学的目的可以分为实质性目的和工具性目的两种,其中实质性目的就是教学大纲规定的目标;工具性目的就是有助于实质性目的的实现的条件目标。只有在对这两种体育教学目的进行综合考虑的基础上来创设体育教育环境,才能确保体育教学活动的顺利开展,继而实现体育教学的目的。

(二)丰富性原则

这一原则指的是在创设体育教育环境时,要尽可能运用多样化的信息刺激方式,以便学生能够在体育学习过程中调动多种感觉协同运作,继而提高体育学习的效果。比如,在创设体育教育环境时,可以综合运用听觉刺激和视觉刺激,因为两者结合更有助于学生掌握所学习的体育知识或体育技能等。

(三)快乐性原则

在开展体育教育活动时,对体育教育环境进行科学创设的一个重要目的便是提高学生参与体育教学的积极性和主动性,使学生能够在体育运动中获得愉快的情绪体验。因此,在创设体育教育环境时必须遵循快乐性原则,具体可从以下几方面着手。

第一,要确保体育教育场所的舒适性。

第二,要确保体育教育有轻松、活跃且热烈的气氛。

第三,要确保体育教育场所和设施的安全性与卫生性。

第四,体育教师的体育教育活动应富有创造性。

第二章　小学体育教育与卫生保健

随着社会的进步和体育事业的发展,现代体育在人们生活中的作用越来越重要。与此同时,现代体育在发展的过程中,也日益凸显出多样化的功能。因此,积极传播现代体育是很有必要的。在开展体育运动时,必须做好卫生保健工作,以确保体育运动能够取得理想的运动效果。

第二章　小学体育教育与卫生保健

第一节　现代体育的构成与发展趋势

一、现代体育的构成

现代体育主要是由三部分构成的,即学校体育、社会体育和竞技体育。

(一)学校体育

学校体育是一种重要的教育活动,目的是传授给学生一定的体育知识、技术和技能,促进学生体质的增强,使学生形成良好的身心素质。此外,学校体育与智育、德育、美育等共同构成了学校的教育体系,以便能够培养出全面发展的合格社会主义人才。学校体育也是国家开展全民体育的重要基础,对于国家体育事业的进一步发展发挥着一定的促进作用。因此,学校体育自产生之日起,便受到了人们的高度关注。

通常来说,学校体育是按照教育阶段以及学生的年龄差异来进行划分的,而且各个阶段的体育教育都会以学生的身心发展特点和体育需求等为依据,借助于体育课、课外体育活动和课余体育训练与竞赛等多样化的组织形式,增强学生的体质、增进学生的健康。与此同时,学校体育在开展的过程中,也极为重视发挥体育的教育功能,使学生在参与体育教学的过程中形成良好的个性和思想品德、集体主义精神、团队意识与合作能力、自主学习能力等,帮助学生在德、智、体、美等方面获得全面发展,为其成长为高素质人才和高水平竞技人才奠定重要的基础。

(二)社会体育

社会体育是在广大人民群众中开展的一种以锻炼民众的身体素质、增强民众的体质、提高民众的健康状况、丰富民众的文化生活和娱乐生活等为目的的身体活动。由于社会体育的参加者主要是一般民众,而且参与人数极多,因此,不少人将社会体育称为"大众体育"或"群众体育"。

　　社会体育所涉及的活动领域和活动内容是十分广泛的,而且有着多样化的形式,如养生体育、医疗体育、休闲体育、健身等都可归属其中。此外,社会体育有着很强的娱乐性和趣味性,而且参与方式方便、灵活,因而深受人们的喜爱。

　　一个国家对于社会体育的重视程度以及一个国家社会体育的开展情况,不仅彰显着该国的经济状况,而且反映了该国是否有安定的社会环境、较高的生活水平以及文化素养等。因此,各国只要条件允许,都会积极推动社会体育的发展。我国对于社会体育也极为重视,并采取了多项措施来推动社会体育的发展,从而使其呈现出蓬勃发展的趋势。具体来看,我国在推动社会体育发展方面所采取的举措有积极培养全民的体育观念、推行全民健身计划、兴建体育公园和公共体育设施等。虽然说当前我国的社会体育已有了很大发展,但普及度还有待进一步提高。因此,今后还需要高度重视社会体育的发展。

(三)竞技体育

　　在体育的构成中,竞技体育也是不可忽视的一个组成部分。竞技体育是一种有着科学性和系统性的训练与竞赛活动,重在提高训练者的综合素质和运动能力,使其能够在比赛中取得理想的成绩。因此,竞技体育倾向于对人的竞技运动能力进行最大限度的开发。竞技体育的发展状况不仅能彰显一个国家的竞技体育能力,而且对于活跃国民的社会文化生活、提升全面的民族自豪感也有积极的意义,还有助于促进国家与国家之间的友好交往与合作。因此,各个国家都极为重视竞技体育的发展。

　　竞技体育最为鲜明的一个特点便是有着极强的竞争性,而且这种竞争性是通过很多方面体现出来的,如竞技者的体力、竞技者的运动技能、竞技者的智力水平、竞技者的心理状态、竞技者的个性品质等。因此,在发展经济体育的过程中,必须重视培养竞技者的综合实力。

　　竞技体育在经过长期的发展后,已形成了较高的竞技水平。不过,竞技体育在当前的发展还存在不少的问题,如政治因素对竞技体育的影响较大;竞技体育的商业化趋势日益明显,甚至成为商业的附属品;竞技体育运动员的个性品质、道德水平等参差不齐,存在不少无视竞技运动精神和规则的行为,如滥用兴奋剂等。针对这一状况,竞技体育要想在未来得到稳定有序的发展,必须要重视解决竞技体育发展中存在的问题。

（四）学校体育、社会体育和竞技体育三者之间的联系

学校体育、社会体育和竞技体育之间既互相独立又相互联系。关于三者之间的关系,可具体从以下两个方面进行分析。

1. 学校体育与社会体育之间具有积极的促进作用

第一,学校体育的发展状况会对社会体育的发展状况产生直接且重要的影响。学校体育的对象会最终会成为社会体育的对象,因此学校体育的质量影响着社会体育对象的数量与质量。基于此,在开展学校教育时,必须引导学生树立正确的体育观念和终身体育意识,帮助其形成良好的体育运动习惯和体育运动能力,确保其进入社会中能够主动参与到社会体育之中,继而有效贯彻终身体育思想。

第二,社会体育的发展能够为学校体育的发展提供良好的条件。社会体育包含两部分的内容,即社区体育和家庭体育。社区体育的开展情况以及家庭体育的氛围等,会在潜移默化中影响青少年对于体育的意识与看法等,而青少年对于体育的意识与看法等会影响到其参与学校体育的态度。从这一角度来说,社会体育的发展能够促进学校体育的有序开展。除此之外,社会体育的发展为学校体育的发展提供了良好的契机,引导着学校体育逐渐从封闭走向开放,使其能够真正与社会体育、社会生活接轨。

2. 竞技体育与社会体育之间具有积极的促进作用

第一,竞技体育的发展能够推动社会体育的发展。这是因为,竞技体育的人才有一部分是在社会体育中涌现出来的,这些竞技体育人才在注重提高自身竞技体育技能的同时,也重视推动社会体育的进一步发展。与此同时,经济体育自身所具有的魅力,在一定程度上激励、促进着人们投身于社会体育之中,切实地从体育的观赏者变为体育的参与者。

第二,社会体育的发展能够促进竞技体育的发展。关于这一点,可以从两个方面进行分析。一方面,社会体育的发展会促使全民形成良好

的体育意识。这不仅能够为竞技体育的发展提供良好的社会支持条件，而且能够为竞技体育的发展培养数量众多的爱好者和支持者。另一方面，社会体育是面向全体人民的，有助于挖掘全体人民的运动潜力，激发全体人民的运动技能和运动能力。在这一过程中，必然会出现优秀的竞技体育人才，成为竞技体育发展的重要支撑。

二、现代体育的发展趋势

现代体育处于不断发展与完善之中，而且在发展中呈现出以下几个鲜明的趋势。

（一）学校体育在现代体育中的地位日益重要

学校体育、竞技体育和社会体育是现代体育的三个重要组成部分。这三部分之间既有共性也有个性，它们相互依存、相互促进。在三者的发展之中，处于基础和基石地位的是学校体育。只有积极发展良好的学校体育，才能为竞技体育的发展输送更多优秀的体育竞技人才，才能让更多的人积极参与到社会体育之中，从而推动社会体育的蓬勃发展。因此，学校体育在现代体育中的地位将会日益重要。

（二）现代体育将逐渐走向国际化

当前，世界各个国家都积极开展体育运动，而且体育事业的发展情况也成为衡量一个国家综合实力的重要影响因素。基于此，竞技体育得到了迅速发展，规模不断扩大。同时，竞技体育的发展又推动了现代体育不断走向国际化，出现了越来越多被全世界认可和接受的体育运动项目和体育运动规则。在今后，现代体育的国际化趋势还将进一步增强。

（三）现代体育将逐渐走向社会化

体育是伴随着社会的发展而出现的，而且对于社会经济、人类文化的发展有着积极的促进作用。在当前，现代体育已不仅仅具有健身功能，而且在改善人们的生活方式、提高人们的生活质量方面发挥着日益重要的作用，并且这一作用的影响力还在不断增强。从这一角度来说，现代体育将逐渐走向社会化，在社会发展中影响力不断增大。

（四）高科技逐渐成为现代体育发展的强大动力

现代科学技术的发展是有目共睹的，其不仅促使社会结构、经济结构、生产方式等发生了重大改变，而且在现代体育的发展中也发挥着日益重要的作用。如今，越来越多的科技理论和科技成果被应用于体育运动之中，不仅进一步完善了体育运动的理论和方法，而且为体育运动的开展提供了更为先进的设备，从而大大提高了体育锻炼的效果。在今后，科学技术还将在现代体育运动发展中发挥积极且重要的作用，并将成为现代体育发展的强大动力。

第二节 现代体育的功能与传播价值

一、现代体育的功能

现代体育有着多样化的功能，而且还处于不断地发展与完善之中。具体来看，现代体育的功能主要有以下几个。

（一）健身功能

对于现代体育而言，其最基本、最重要的一个功能便是健身功能。这是因为，在开展现代体育时，最为有效的一个载体便是身体运动。关于现代体育的这一功能，可以从以下几个方面进行详细分析。

第一，人们在参与现代体育的过程中，需要充分调动身体各肌肉的力量，同时要有效地进行呼吸。在这一过程中，肌肉的血液供应状况会得到有效改善，同时肺活量会增大、呼吸机能会得到增强。如此一来，人的身体健康状况自然会得到提升。

第二，现代体育在发展的过程中，逐渐形成了多样化的运动项目及运动方法。因此，人们在参与现代体育运动时，完全可以依据自身的实际情况选择最为适合自己的运动项目以及运动方法。运动项目和运动方法与个人的实际相符合，必然能促进个人运动水平的提高，还能大大改善个人的体质。

第三，现代体育自产生以来，在防病强身方面也发挥着积极的作用。比如，我国古代著名的医者华佗为了帮助人们预防疾病，创编了"五禽戏"，而"五禽戏"就类似于现代的保健体操。除此之外，我国古代还产生了八段锦、太极拳等运动项目，而且这些运动项目产生的前提都是帮助人们防病治病。在当代，现代体育的防病治病作用体现得更为明显。例如，人们参加适量的体育运动可以改善神经衰弱的状况；过度肥胖的人参加适量的体育运动可以改善自身的肥胖状况，恢复健康的身体；等等。

第四，现代体育在改善人们心理状况、提升人们心理健康水平方面也发挥着积极作用。这是因为，适量的体育运动会使人们感到心情舒畅、精神愉快，及时对不良的心理状态进行调节，继而以积极的心态面对生活。

（二）政治功能

对于现代体育而言，政治功能也是其功能体系中不可缺少的一部分。关于现代体育的这一功能，可以从以下几个方面进行详细分析。

第一，现代体育不论处于哪一发展阶段，都必须要对国家的主权进行维护，同时要确保民族的尊严不被侵犯。也就是说，现代体育的发展必须要服从国家的政治需要，绝不能损害国家的利益。

第二，现代体育是对一个国家的政治地位和综合国力进行展示的重要窗口，其发展状况不仅影响着一个国家的国际地位，还影响着其国民的民族精神和民族凝聚力。比如，在奥运会、世锦赛等国际性的竞技体育比赛中，一个国家的运动员或运动团体获得冠军，会使这个国家的人们感到极为自豪，这在无形中就提高了该国家人民的民族自豪感和自信心。又如，一个国家能否被选为奥运会的举办国，在很大程度上取决于其综合国力。同时，一个国家一旦被选为奥运会的举办国，也能大大提升其国际地位。因此，世界各个国家都在激烈争夺奥运会的举办权。我国在2008年便成功申办奥运，这不仅是中华民族伟大复兴历程中的一座里程碑，而且使我国的国际地位得到很大提升。

第三，现代体育在发展的过程中，特殊时期还会承担为国家外交服务的作用。比如，我国的"乒乓外交"，在促进中美关系正常化方面产生了积极意义。

第四,现代体育在发展的过程中,有助于世界各国人民增进相互之间的了解与认同,继而维护世界的和平。

总之,现代体育的政治功能是必然存在的,而且现代体育必须要为政治服务。不过,这并不意味着现代体育要成为政治的奴仆,而是要在发展的过程中始终将政治功能摆在恰当的位置。

(三)经济功能

在现代体育的功能中,经济功能也是十分重要的一个。现代体育的发展与经济的发展之间有着极为密切的关系,即现代体育是在一定的经济环境中展开的,因而经济环境的发展状况会对现代体育的发展产生直接且重要的影响。与此同时,现代体育的发展对于社会经济的发展也有一定的积极反作用,如能够制造无限的经济商机,推动社会经济的进一步发展。

在当前,社会发展相对稳定,经济水平不断提升,人们的生活状态也随之有了很大改善,闲暇时间逐渐增多。人们在闲暇时间会参与很多的活动,而体育活动便是其中之一。与此同时,伴随着国家日益重视体育事业的发展,我国的体育市场也发展迅速,逐渐形成了体育消费市场。如今,体育消费市场日渐成熟,参与其中的消费者数量也越来越多,这使得体育产业在国民经济发展中发挥着日益重要的作用,并成了国民经济中的一个重要产业部门。比如,在意大利的经济发展中,以"足球工业"为主体的体育产业就是国民经济产业的一个重要组成部分。

现代体育的经济功能除了上述表现外,还表现为提供了无限的社会商机。比如,在举办竞技体育特别是大型的、国际性的竞技体育比赛时,通常会售卖门票来获得收入,而且交通、旅游、餐饮等相关行业也会在同一时间获得一定的发展。

(四)教育功能

在当前,现代体育的教育功能得到了彰显,而且这一功能得到人们越来越多的认可。关于现代体育的这一功能,我们可以从以下几个方面进行详细分析。

第一,体育是学校教育的一个重要组成部分,而且在增强学生的体质、促进学生的身心健康发展方面发挥着重要的作用。体育自产生之初,就被纳入学校教育之中,而且每一个国家都极为重视学校体育的开展,并积极挖掘学校体育的多样化功能,以便使其真正在教育领域发挥积极的作用。

第二,体育比赛特别是国际性的大型竞技体育比赛,可以有效激发人们的民族自信心和自豪感,还能提升人们的责任感和勇于拼搏的精神等,帮助人们不断提高自己的社会道德品质。

第三,体育运动中蕴含着很多美的因素,这有助于参与体育运动的人们形成一定的审美意识、提高自己的审美能力等。比如,花样游泳的姿态是十分优美的,人们在观看这一运动项目时,很容易被其优美的姿态所影响,继而产生对美的向往。

(五)文化功能

现代体育从本质上来说,是社会文化的一个重要组成部分。因此,现代体育必然会具备一定的文化功能。关于现代体育的这一功能,可以从以下几个方面进行详细分析。

第一,体育的发展与完善,与人类文明的进步以及文化的发展有着密不可分的关系。体育运动在最初产生时,是与祭神等社会文化活动相伴随的,目的是祈求神明保护自己或是自己的队伍、国家等能够在比赛中获胜。即使在今天,体育运动也与人们的社会文化生活密切相关,如在举办奥运会前要进行火炬传递活动,这象征着奥运精神的代代传承与生生不息。

第二,体育的发展会衍生很多的精神产品,这对于人们精神生活的丰富有着积极的意义。比如,体育比赛强调公平、公正,奥林匹克运动强调"更高、更远、更强"。在这些体育精神的影响下,人们的精神世界能够得到进一步丰富。

第三,国际性的竞技体育比赛,参赛者来自不同的国家和地区。他们在种族、国籍、文化、语言、肤色等方面有很大的差异,但借助于国际性的竞技体育比赛可以增进彼此之间的认识与了解,并加深对对方文化与传统的认知。如此一来,不同国家和地区的人们会进一步理解对方,继而与对方建立良好的友谊。

第四,一些国际性的竞技体育比赛,如奥运会,在举办前需要对比赛所需要的场馆进行修建,对比赛的徽章、奖牌等进行设计。在这一过程中,所有国际竞技体育比赛的举办国都会融入自身的传统文化,以更形象、更生动地向其他国家展示自身,加强其他国家对自身的了解。比如,我国举办了2008年北京奥运会,建造了具有鲜明传统文化特色的比赛场馆"鸟巢""水立方",还设计了具有鲜明传统文化特色的奥运吉祥物,这对于其他国家的人们了解中国和中国文化具有积极的意义。

(六)娱乐功能

在现代体育的功能体系构成中,娱乐功能也是一个重要的组成部分。人们在参与体育运动的过程中,不仅能够进行一定的身体锻炼,掌握一定的体育知识和体育运动技能,而且能够在体育运动过程中感受到快乐与满足等。从这一角度来看,现代体育具有显著的娱乐功能。

需要注意的是,体育与娱乐是两个互为联系又有区别的范畴。目前已有迹象表明,娱乐为了更有效地发挥自身的作用,已开始加快向体育领域渗透的步伐,使一些娱乐项目逐渐向运动项目转化。人们为领略生活乐趣,逐渐将注意力转向娱乐体育时,标志着体育正悄然向消遣方式转移,致使现代体育的娱乐功能变得更加突出。

二、现代体育的传播价值

要推动现代体育的进一步发展,就必须积极传播现代体育,让更多的人参与到现代体育之中,这就涉及现代体育的传播及其传播价值问题。

当前,现代体育的传播价值日益凸显,这具体表现在以下几个方面。

第一,现代体育传播的倡导价值。近年来,国家大力倡导全民健身运动,并积极采取有效的措施来推动全民健身运动的有序开展,以进一步加快我国体育强国建设的步伐。要实现这一点,就必须要大力倡导现代体育,积极传播现代体育,让更多的人参与到现代体育之中。

第二,现代体育传播的文化价值。在当前,人们日益重视体育传播内容的文化价值。因此,在进行现代体育传播时,不仅要重视赛事直播、体育评论等,而且要重视在其中凸显一定的文化意义,让更多的人参与到体育文化的发展与完善之中。

第三,现代体育传播的社会价值。体育并不是孤立发展的,而是与社会生活、经济发展、全民健康、旅游发展等紧密相连的。因此，在传播现代体育的过程中，要注意将其与社会生活、经济发展、全民健康、旅游发展等进行有机融合，以便使社会生活、经济发展、全民健康、旅游发展等能够借助于现代体育实现自身价值的最大化。

第四，现代体育传播的商业价值。体育的发展与传播能够产生一定的商业价值，如体育运动周边产品的售卖可以产生良好的经济效益。因此，在传播现代体育的过程中，要注意凸显其商业价值，提高其在社会经济发展中的积极作用。

第三节　体育运动的卫生保健

掌握体育运动卫生保健的相关知识，对于体育运动的有效开展具有积极的意义。

一、体育运动的营养消耗与科学补充

（一）体育运动的营养消耗

学生在参与体育运动的过程中，不可避免地会消耗一定的营养。具体来说，学生在体育运动中消耗的营养主要有以下几种。

1. 糖的消耗

糖是学生在参与体育运动时的主要热能来源之一，其在运动中的利用程度决定着学生是否能够顺利地完成体育运动，并取得良好的运动效果。由于糖类耗氧少、易消化，代谢的产物主要是水和二氧化碳，在运动时会随时被排出，若得不到及时补充，会形成供需脱节。在这种情况下，学生若继续坚持运动，很可能会出现糖原枯竭的现象，影响其身体健康以及运动的最终效果。

2. 蛋白质的消耗

在体育运动的营养消耗中,蛋白质也是重要的一类。伴随着体育运动的开展,学生体内蛋白质的分解和合成代谢会有所增加,消耗自然也会增多。因此,在运动前补充一定量的蛋白质是很有必要的。不过,运动前蛋白质的补充不可过多,否则会导致机体代谢率增高,水分需要量增多,影响运动的效果。

3. 脂肪的消耗

脂肪也是运动中热能的一个重要来源。在学生的运动过程中,脂肪也会有一定的消耗。特别是在寒冷的天气下运动,脂肪的消耗会显著增多。

4. 水的消耗

学生在参加体育运动,特别是在高温环境下参加体育运动时,水的消耗会大大增加。这是因为,学生在运动中会产生大量的热量,而多余的热量需要通过出汗排除体内,以保证机体新陈代谢的正常进行。学生在运动中所消耗的水,除了与气温有关,还与运动项目、运动强度、运动环境等有直接关系。

在运动之前,补充一定的水分是很有必要的,否则可能会出现脱水现象。当脱水现象严重时,有可能导致死亡。

5. 维生素的消耗

学生在运动过程中,随着体内物质代谢过程的加强,会增加对维生素的需要量。在剧烈运动的情况下,维生素的需要量会进一步增多。因此,在运动前补充适量的维生素是很有必要的。

6. 矿物质和微量元素的消耗

伴随着运动的开展,学生体内矿物质和微量元素的代谢也会有所变化。在大运动量的前提下,矿物质和微量元素的消耗会相对增加。因此,在运动前保证一定量的矿物质和微量元素补充也是很有必要的。

（二）体育运动的营养补充

学生在参与体育运动时，合理地进行营养补充，有助于自身更好地在运动过程中发挥自己的实力。由于小学生在课间原则上不允许吃东西，因而这里主要介绍一下体育运动前和体育运动后的营养补充。

1. 体育运动前的营养补充

小学生一节体育课的时间在 40 分钟左右，在这一过程中，学生需要参与一定量的运动项目，自然会造成一定的营养消耗。为此，要保证小学生能够正常地参与体育活动，需要在其参加体育运动前进行一定的营养补充。小学生在体育运动前的营养补充，需要注意以下几个方面。

第一，运动前的饮食要以高糖低脂低蛋白食物为主，如面食、米饭和水果等，这些食物容易消化，又能提供糖类。另外，运动前的饮食要适量，切不可太饱。这是因为，运动前吃太饱的话，运动中会需要较多的能量来消化食物，还会导致胃部不舒服。由于含高纤维素的食物比较容易造成腹部不适，因此在参加体育运动前应避免食用。

第二，要保证进食后最少 1 小时再进行运动。若是就餐时间与体育运动时间间隔较短，则需要适当减少食物的摄入。

第三，在运动前不可大量补糖，以免因刺激胰岛素的分泌而发生低血糖。

2. 体育运动后的营养补充

学生在参与体育运动的过程中，会消耗一定的能量，继而降低体能。因此，在体育运动结束后，适当地补充营养来促进体能的恢复也是很有必要的。具体来看，体育运动后的营养补充应注意以下几个方面。

第一，学生在体育运动后应适当补充一定的水分。可以根据体育运动后的排尿量和尿液颜色来补充水分，如果体育运动后 1~2 小时内尿量很少且尿液颜色较深，则需要及时补水。

第二，学生在体育运动后，需要适当地补充一些电解质。一般来说，通过正常的饮食就可以补充运动中所消耗的电解质。

第三，学生在体育运动中，主要的能量来源是糖类。因此，在体育运动后需要补充一定的糖分。一般来说，运动后 2 小时内补充糖类最佳。

第四,学生在体育运动后,由于蛋白质的消耗,会产生酸痛感。因此,在运动之后补充一定的蛋白质也是很有必要的。

二、体育运动疲劳及其消除

运动疲劳是一种正常的生理反应,学生在体育运动中产生运动疲劳是不可避免的。一般来说,机体的能量消耗、运动能力与身体素质的变化、运动中代谢产物的堆积以及一些精神意志因素等,都可能导致学生在体育运动中产生疲劳现象。不过,借助于一些有效的方法,可以延缓和消除运动疲劳。

(一)体育运动疲劳的判断

一旦出现了运动疲劳,就应该及时采取有效的措施进行恢复。要实现运动疲劳的有效恢复,一个重要的前提是准确地对学生是否存在运动疲劳进行判断。一般来说,在判断学生是否存在运动疲劳时,常用的方法有以下两个。

第一,主观感觉判断,即让学生通过自己的主观感觉来判断自己是否存在运动疲劳。比如,当学生进行同等运动负荷的训练时,若出现排汗明显增多的现象,则表明其存在运动疲劳现象;当学生产生了厌烦运动的情绪,在运动中表现不佳时,也可能表明学生出现了运动疲劳;当学生在运动中感觉肌肉酸痛时,也可能表明学生出现了运动疲劳;等等。

第二,客观指标判断,即通过一些客观的指标来判断学生是否存在运动疲劳。借助于主观感觉来判断运动疲劳,有可能出现不够准确的情况。通过一些客观指标,可以更为准确地判断运动疲劳。具体来说,用于判断运动疲劳的客观指标主要有两个:一是骨骼肌指标,即通过测量肌肉力量和肌肉硬度来判断学生是否存在运动疲劳;二是心血管系统指标,主要是通过测量心率来判断学生是否存在运动疲劳。

(二)体育运动疲劳的延缓

学校体育运动的教学与训练要想取得理想的效果,必须要重视运动疲劳这一现象,并及时采取有效的措施来延缓运动疲劳的出现。具体而言,在学校体育运动的教学与训练中,可借助于以下几种方法来延缓运动疲劳的出现。

第一,要引导学生坚持不懈地进行体育运动。对于学生来说,要想延缓运动疲劳,最为简单的一个方法便是坚持不懈地进行体育运动。这是因为,学生坚持不懈地进行体育运动,在促进自身身体素质提升的同时,也能够适应不同强度的运动训练,自然能够延缓运动疲劳的产生。

第二,要合理地对体育运动的内容进行安排。合理地对体育运动内容进行安排,也是体育运动中延缓运动疲劳的一个重要方法。这是因为,学生在适宜的体育运动中不容易产生局部负担过重的情况,自然运动疲劳的产生也会有所延缓。

第三,要重视培养学生良好的心理素质。培养学生良好的心理素质,增强学生的意志品质,有助于学生形成良好的精神状态。如此一来,便能够避免学生产生心理性疲劳。学生不存在心理性疲劳,运动疲劳的出现时间自然会推迟。

(三)体育运动疲劳的消除

在体育运动中,借助于一些有效的方法可以延缓运动疲劳的出现,但这并不意味着运动疲劳不会出现。因此,除了要掌握体育运动中延缓运动疲劳出现的方法,还需要掌握能够消除运动疲劳的方法。具体来说,可借助于以下两种方法来消除体育运动中出现的运动疲劳。

1. 改善代谢法

在体育运动中,改善代谢法是消除运动疲劳的一种常用方法。这一方法可以有效地放松肌肉,改善肌肉血液循环,加速运动中产生的代谢物的排泄,从而促进体育运动中肌肉疲劳的恢复。一般来说,改善代谢法又包括温水浴、桑拿、按摩、理疗等具体的方法。

2. 神经系统调节法

在体育运动中,神经系统调节法也是消除运动疲劳的一种有效方法。这一方法可以降低交感神经兴奋性,增加迷走神经的兴奋性,加强机体的合成代谢功能,使机体尽快恢复。一般来说,神经系统调节法又包括以下两种具体的方法。

（1）睡眠

要消除运动疲劳，最为直接、最为有效且最为经济的方法便是睡眠。在睡眠过程中，人体大脑皮层的兴奋性会降低，但机体的合成代谢却处于最为旺盛的时期。如此一来，体内能量便能得到有效积蓄，运动过程中便能获得更多的能量。

（2）放松练习

要消除运动疲劳，进行放松练习也是一个不错的选择。比如，可通过诱导性的语言使学生由意念来调动肢体，通过对高级中枢的暗示使肌肉放松，改善呼吸和循环系统，使机体的疲劳尽快消除。

三、体育运动损伤及其处理

在体育运动中，不可避免地会出现一些运动损伤。具体到小学体育运动来说，常见的运动损伤主要有以下几种。

（一）擦伤与挫伤

1. 擦伤

（1）擦伤的原因与症状

在体育运动中，学生很容易出现擦伤。当机体表面与粗糙的物体发生摩擦时，机体表面的皮肤会受到一些损伤，这便是擦伤。擦伤是外伤的一种，而且是比较轻的一种。通常情况下，擦伤时会有表皮剥脱、血液渗出等症状。

（2）擦伤的处理方法

当出现擦伤这一运动损伤时，可采取以下几种方法进行处理。

第一，当擦伤的伤口比较小时，用生理盐水或是其他药水进行冲洗即可。在冲洗干净后，还需要涂抹上药水。正常情况下，小伤口的擦伤在一周左右就可以痊愈。

第二，当擦伤的伤口比较大时，为预防其感染，需要在伤口的周围用碘酒或酒精进行消毒。在伤口有异物的情况下，还需要用生理盐水棉球将其轻轻刷洗下去。之后，在伤口上涂药即可。正常情况下，大伤口的擦伤在两周左右就可以痊愈。

第三,面部擦伤宜涂抹 0.1% 新洁尔灭溶液。当擦伤发生于关节周围时,要先对伤口进行清洗、消毒,然后涂上青霉素软膏等。由于关节周围的擦伤很容易重复破损,因而处理一定要及时、到位。

2. 挫伤

(1)挫伤的原因与症状

在篮球、足球等体育运动中,冲撞、踢打都是十分常见的。体育运动中的冲撞、踢打会导致人体皮肤或皮肤下组织受伤,即挫伤。一般来说,挫伤多见于四肢,而且会伴有功能障碍。

(2)挫伤的处理方法

当出现挫伤这一运动损伤时,可采取以下几种方法进行处理。

第一,当挫伤不伴有其他的症状时,需要对挫伤部位进行局部冷敷,然后涂上创伤药。之后,进行加压包扎,将患肢抬高。

第二,当挫伤伴有肌肉、肌腱断裂时,在对患肢进行简单包扎与固定后,要及时送往医院进行治疗。

第三,当挫伤伴有休克症状时,首先要对休克现象进行处理,然后及时送往医院进行治疗。

(二)肌肉拉伤

1. 肌肉拉伤的原因与症状

在体育运动中,出现肌肉拉伤主要是由于肌肉在运动中受到强烈牵拉,继而导致肌肉被撕裂。通常情况下,肌肉拉伤会有局部疼痛、压痛、肿胀、肌肉发硬、痉挛等症状。若伴随肌肉断裂的情况,则受伤部位会伴有撕裂感,无法对相应的关节进行有效控制。此外,肌肉断裂处会有凹陷和异常隆起,用手可以触摸到。

2. 肌肉拉伤的处理方法

当出现肌肉拉伤这一运动损伤时,可采取以下几种方法进行处理。

第一,肌肉拉伤时首先要做的是用冰块或制冷喷剂进行冷敷,之后要对患处进行加压包扎,还要注意抬高患肢。

第二,肌纤维轻度拉伤及肌肉痉挛者,可以采用针刺疗法进行治疗。

第三,肌肉、肌腱部分或完全断裂者,需要对患肢的局部进行加压包扎与固定,之后要到医院接受治疗。在必要的情况下,患者可能需要进行手术治疗。

第四,肌肉拉伤后可借助于按摩手法来缓解症状。需要注意的是,按摩要在肌肉拉伤48小时后进行,而且按摩手法一定要轻柔。

(三)骨折

1. 骨折的原因与症状

骨折指的是骨的完整性遭到破坏的情况。在一些体育运动(如足球)中,学生进行激烈的身体对抗,在防守的过程中很容易产生腿与腿的碰撞。一旦发生骨折,便会出现较为严重的症状,如局部疼痛、肿胀、畸形等,甚至可能导致休克与发热。

2. 骨折的处理方法

当出现骨折这一运动损伤时,可采取以下几种方法进行处理。

第一,一旦发生骨折,最好等伤肢固定好后再进行移动。这样做既能够减轻伤者的痛苦,也能够使伤者的伤肢得到及时、有效的处理。

第二,一旦发生开放性骨折,首先要做的是对骨折部位进行止血,然后要及时用消毒巾或纱布进行包扎。做好这一切后,要及时送往医院进行治疗。此外,当骨折断端暴露在伤口外面时,既不能放回伤口处也不能随意去除,否则很可能引发感染。

第三,一旦发生骨折并伴有危及生命的并发症,如休克和大出血等,要首先对这些并发症进行处理,如针刺人中、止血等,然后及时送往医院进行治疗。

第四,骨折发生后一周,要逐步开始进行一些局部练习,比如主动收缩肌肉,以尽快恢复患肢的功能;骨折发生2~3周内,局部练习的范围可以扩大,其以伤肢上下关节的自动伸屈运动为主;骨折发生4~6周后,可以将患肢的固定拆除,让伤肢上下关节做各个方向的运动,还要注意逐步提升伤肢的负重练习。

(四)关节脱位

1. 关节脱位的原因与症状

关节脱位也就是平时所说的"脱臼",指的是关节与关节之间因外力作用而无法正常接连的现象。人们在参与体育运动中,如果意外摔倒或是与他人发生了较为激烈的碰撞,都有可能出现关节脱位现象。

关节脱位的基本症状有疼痛、局部发生肿胀、关节功能受到限制等。此时,需要及时对脱位的关节进行复位,否则会发生关节粘连的现象,使关节复位变得更为困难。

2. 关节脱位的处理方法

当出现关节脱位这一运动损伤时,可采取以下两种方法进行处理。

第一,用夹板、绷带固定伤肢,并尽快送往医院进行治疗。需要注意的一点时,关节脱位的部位不同,对其进行固定的方法也会有所差异。比如,在肩关节脱位时,可以用三角巾进行固定;在肘关节脱位时,则需要用铁丝夹板进行固定。

第二,要尽早进行伤后锻炼。关节脱位后,要尽快恢复关节的活动能力,就需要尽可能早地进行脱位关节的锻炼。比如,当肘关节脱位时,在未拆除前臂悬挂的情况下,就可以进行一些简单的、以肘关节的主动屈曲和旋转为主的运动,如腕部的活动、手指的活动等。而在前臂悬挂去掉后,要开始做伸展活动,并逐步加大关节伸屈肌肉群的力量。正常情况下,关节复位3个月后就需要恢复正常锻炼了。

(五)肌肉痉挛

肌肉痉挛也就是平时所说的"抽筋",指的是肌肉突然剧烈地进行收缩,或是肌肉因脑神经组织受到刺激而进行不受意志控制的收缩。

1. 肌肉痉挛的症状表现

当出现肌肉痉挛这一运动性疾病时,通常会表现出发病急,局部发生不自主肌肉强直收缩,僵硬,疼痛难忍且一时不易缓解,痉挛肌肉所涉及的关节出现运动障碍等症状。

2. 肌肉痉挛的预防措施

在开展体育运动时,要预防肌肉痉挛这一运动性疾病的发生,需要做好以下几方面的工作。

第一,必须在做好充分的准备活动后再进行体育运动,而且在运动过程中运动量和运动负荷都要循序渐进地进行增加。

第二,在夏季参与体育运动时,由于出汗较多,要注意提前补充电解质和维生素 B_2;在冬季参与体育运动时,要注意保暖,而且要随着运动时间的增长、运动量的增大而相应地缩减衣物,但运动完成后要尽快将衣服穿上。

第三,在参与体育运动时,要注意放松肌肉。

第四,人在缺钙的情况下参与体育运动时,很可能会出现肌肉痉挛。因此,平时要注意补充一定量的钙。

3. 肌肉痉挛的处理方法

当出现肌肉痉挛这一运动性疾病时,可采取以下两种方法进行处理。

第一,当出现肌肉痉挛时,一定要保持冷静,并要立即停下运动进行休息。与此同时,还可以对肌肉痉挛的局部施加均匀的压力,使肌肉逐渐放松下来。

第二,当出现肌肉痉挛时,若不太严重,则可以采取向反方向牵引痉挛肌肉的方法。通常情况下,持续反方向牵引痉挛肌肉一定的时间,就可以缓解痉挛的症状。

(六)膝关节损伤

在体育运动中,膝关节损伤常见的有半月板损伤和韧带损伤。

1. 半月板损伤

膝关节在进行运动时,需要借助于半月板的作用。半月板位于股骨髁和胫骨平台之间,对膝关节保持静力性稳定具有积极的意义。小学生在参加体育运动的过程中,也可能会出现半月板损伤的情况。

（1）半月板损伤的原因与症状

研究表明,外力是造成半月板损伤的最主要原因。膝关节在进行弯曲时,若突然受到外力的作用并因此出现了扭曲现象,那么股骨与胫骨间关节面的正常关系会被破坏,继而导致半月板受到损伤。

半月板在受到损伤时,往往还伴有滑膜或韧带损伤,导致伤侧疼痛剧烈,并且这种疼痛会持续一段时间。另外,要判断是否存在半月板损伤,需要借助于临床检查的方法。

（2）半月板损伤的处理方法

一旦出现半月板损伤,就必须立即进行处理,可在局部用氯乙烷进行麻醉降温,然后用绷带进行包扎与固定。之后,要将患肢抬高,并继续进行冷敷。

半月板损伤后需要一定的时间进行恢复,在此期间,可进行循序渐进的主动性练习。

2. 膝关节韧带损伤

（1）膝关节韧带损伤的原因与症状

膝关节韧带损伤的具体部位不同,造成损伤的原因也有所差异。

当膝关节内侧副韧带出现损伤时,往往是由膝外翻造成的。学生在参加体育运动时,有时大腿会随躯干突然内收内旋,此时膝关节处会形成一个扭转力,或是受到膝盖外侧的一个向内侧的冲撞力,导致膝关节内侧副韧带损伤。

当膝关节外侧副韧带出现损伤时,多是与膝关节内侧副韧带损伤有关。当膝关节外侧副韧带出现损伤时,会伴随剧烈的疼痛,而且会伴有半腱肌、半膜肌痉挛等症状。

（2）膝关节韧带损伤的处理方法

当出现膝关节韧带损伤这一运动损伤时,可采取以下几种方法进行处理。

第一,膝关节韧带损伤若不严重,则在损伤部位的局部进行伤药外敷即可。外敷后,也可以口服消肿止痛药。当肿胀程度减轻、疼痛感较小后,可以通过针灸、按摩等进行恢复性治疗。

第二,膝关节韧带损伤若伴有部分韧带撕裂,则需要在损伤部位的局部进行冷敷,然后进行包扎固定,并要注意将患肢抬高。在此期间,可以口服消肿止痛药。在受伤 48 小时后,可以通过按摩、内服中药等进行恢复性治疗。

第三,膝关节韧带损伤若伴有韧带完全断裂,则必须要尽早进行手术治疗。在术后,还需要积极进行锻炼,以便恢复膝关节韧带的功能。

(七)踝关节扭伤

1. 踝关节扭伤的原因与症状

小学生在参加体育运动时,在很多情况下都可能出现踝关节扭伤的情况。比如,在跳跃落地时,若是姿势不正确或是地面有凹凸,则很可能导致踝关节扭伤。

当出现踝关节扭伤时,通常会伴有疼痛、肿胀等症状,还可能存在皮下淤血的情况。

2. 踝关节扭伤的处理方法

当出现踝关节扭伤时,要先进行冷敷,再用绷带进行包扎固定,并将患肢抬高。通常情况下,在踝关节扭伤 24 小时后,可依据伤情采取热敷、按摩、外敷药等治疗措施。

第三章　小学体育锻炼与健康

体育锻炼在促进人体的生长发育方面发挥着积极的作用，而且人们坚持进行体育锻炼有助于保持健康的身体和心理状态。小学阶段是学生长身体的关键时期，同时也是他们世界观、人生观和价值观形成的重要时期，因此加强小学生体育锻炼是非常必要的。

第三章　小学体育锻炼与健康

第一节　体育锻炼的特点与作用

一、体育锻炼的特点

相比体育教学、运动训练来说,体育锻炼具有以下几个独特的特点。

（一）可选择性

体育锻炼具有可选择性特点,这主要是通过以下几个方面表现出来的。

第一,体育锻炼的目的具有可选择性,既可以是为了身体健康而进行体育锻炼,也可以是为了健美而进行体育锻炼,还可以是为了休闲娱乐而进行体育锻炼,等等。

第二,体育锻炼的内容具有可选择性,即体育锻炼者可以依据自身的实际情况,选择自己喜欢或是适合自己的锻炼内容。

第三,体育锻炼的方法具有可选择性,既可以采用游戏锻炼法,也可以采用比赛锻炼法,还可以采用循环锻炼法,等等。

第四,体育锻炼的场地具有可选择性,既可以在室内,也可以在户外,既可以在社区体育锻炼场所,也可以在专门的体育运动场所。

第五,体育锻炼的时间具有可选择性,既可以在固定的时间进行体育锻炼,也可以在随机的空闲时间进行体育锻炼。

第六,体育锻炼的运动负荷安排具有可选择性,即体育锻炼者可以根据自身的身体状况和运动水平等来安排适合自己的运动负荷。

（二）适宜性

体育锻炼只有具备适宜性,才能长久地坚持下去。这里所说的体育锻炼的适宜性,主要包括以下几方面的内容。

第一,体育锻炼的内容、方法等要与锻炼者的身体条件和生活条件相符合。

第二,体育锻炼应在适宜的环境条件和气候条件下进行。

第三,体育锻炼应穿着合适、舒服的服装和鞋子,否则很容易出现运动损伤。

(三)习惯性

体育锻炼要想取得良好的锻炼效果,就必须自觉地、长期地坚持进行。也就是说,体育锻炼者应使体育锻炼成为自身的一种习惯,将其纳入自身生活的一部分,持之以恒地进行体育锻炼。

二、体育锻炼的作用

体育锻炼对于个体的健康发展具有多方面的积极意义:一是体育锻炼能够促进个体的身心健康;二是体育锻炼能够提高个体的社会适应能力;三是体育锻炼可以改善整个民族的体质,提高我国整体的健康水平,促进我国社会的进一步发展。关于前两点,在本章第二节和第三节中将展开详细阐述,这里不再赘述。

第二节 体育锻炼促进身心健康

一、体育锻炼能够促进身体健康

在体育锻炼过程中,人体的生理机能会发生暂时性的变化,而且人体在经过多次体育锻炼后可以适应这一变化。人体一旦适应了这一变化,其机体形态和机能也会产生相应的良性变化,继而使自身的健康水平不断提升。也就是说,体育锻炼能够促进个体的身体健康,具体表现在以下几个方面。

(一)体育锻炼能促进脑功能的完善

科技的发展使得脑力劳动的从事者不断增多,而个体在用脑过度的情况下,很可能出现记忆力减退甚至出现神经症,从而对身体健康造成

第三章　小学体育锻炼与健康

不利影响。而要避免这种情况,就必须要对用脑过度的情况进行及时调节。科学研究表明,体育锻炼对大脑中枢神经系统有良好的刺激作用,可以改善大脑的供氧状况,消除大脑疲劳,提高大脑的工作能力。从这一角度来说,个体要完善自己的脑功能,必须重视参与体育锻炼。

（二）体育锻炼能促进感觉器官健全发展

个体坚持进行体育锻炼,其感觉器官会得到健全发展。比如,个体经常进行球类运动,则其视野会得到扩展,眼肌的抗疲劳能力也会有所增强等。又如,个体经常进行体操锻炼,可以提高前庭功能。基于此,个体要想促进自身感官的健全发展,必须持之以恒地进行体育锻炼。

（三）体育锻炼能促进心血管系统健康

体育锻炼对于心血管系统的健康有着积极的作用,这主要是通过以下几个方面表现出来的。

1. 体育锻炼对心脏的积极作用

心脏是人体必不可少的一个器官,而个体通过开展体育锻炼,可以增强心脏的功能。

第一,个体在经过长时期的体育锻炼后,心脏会因心肌纤维增粗、心肌中毛细血管增多、心肌细胞中收缩蛋白和肌红蛋白增加而呈现出运动员所特有的健康性心脏肥大。健康性心脏肥大能够使个体的心脏进行长时间的有力收缩,维持生命的代谢。

第二,个体在经过长时期的体育锻炼后,心脏功能会得到提高。一般来说,人安静时心脏每搏输出量只有 50～70mL,而经常进行体育锻炼者可达 90～120mL;安静时普通人心率约为 65～75 次/分,经常锻炼者为 45～60 次/分,优秀长跑或滑雪运动员仅为 35～45 次/分。这些都表明,相比不参加或是不经常进行体育锻炼的人们来说,经常进行体育锻炼的人们有着更好的心脏功能。

2. 体育锻炼对血管的积极作用

体育锻炼对于血管也有一定的积极作用,具体表现在以下几个方面。

第一,个体在经过长时期的体育锻炼后,血管壁会增厚,弹性增加,管径增大,而这对于维护血压的正常具有重要作用。

第二,个体长期进行体育锻炼,能够在一定程度上预防和治疗高血压、动脉硬化等疾病。患有高血压、动脉硬化的患者,通常是因为缺乏体育锻炼,从而导致体内胆固醇和脂类物质增多,并沉积在血管壁上,长此以往,必然会产生高血压、动脉硬化等疾病。

3.体育锻炼对血液的积极作用

红细胞是行使血液运输功能的主要细胞,它能把人体生物氧化所需要的氧气运送到组织,同时把组织代谢所排出的二氧化碳运送到肺部,然后排出体外。红细胞这种重要的生理功能是靠红细胞内所含的血红蛋白来完成的。而体育锻炼能使人的红细胞和血红蛋白明显增加,继而提高人体的载氧能力和缓冲酸性物质的能力。如此一来,人们不论是参加劳动还是参与体育运动,都会更加轻松且持续更长的时间。

(四)体育锻炼能促进呼吸系统健康

在机体的生理活动中,呼吸是极为重要的一个。呼吸能够供给机体各组织所需要的氧气,并排除人体呼吸系统的代谢产物,从而维持机体正常生命活动。个体若是缺乏体育锻炼,呼吸肌会变得十分软弱,胸廓的活动范围也会随之缩小,自然在工作和运动过程中很容易感到疲劳。个体若是经常参与体育锻炼,则呼吸肌会逐渐增强,胸廓的活动范围会随之扩大,潜在换气能力也会进一步增大。此外,经常参与体育锻炼的个体能够掌握最有效的呼吸方式,故不易在工作和运动中发生气喘与呼吸困难。因此,个体要想拥有健康的呼吸系统,必须要积极参与体育锻炼。

(五)体育锻炼能提高运动系统供能

运动系统主要是由三部分构成的,即骨、关节和肌肉。运动系统不仅会影响个体的健康状况,也会影响个体的活动能力与运动能力。个体通过参与体育锻炼,可以有效提升自身的运动系统,具体表现在以下几个方面。

第一,个体坚持进行体育锻炼,骨密质会增厚,骨头变粗,骨的抗折、抗弯、抗扭曲等性能也会大大提高。如此一来,个体发生骨折的概率便会降低。

第二,个体坚持进行体育锻炼,肌肉会更加发达,肌力也会逐渐增大。如此一来,个体的力量会随之加强。

第三,个体坚持进行体育锻炼,可使肌肉的能量供应更加充足。如此一来,肌肉工作便能更加有力和持久。

第四,个体坚持进行体育锻炼,可提高关节的稳固性和灵活性,也可以增强关节的负荷承受能力。如此一来,个体不仅能够参与大幅度的体育运动,而且能够预防和减少在运动中出现关节扭伤。

二、体育锻炼能够促进心理健康

个体在进行体育锻炼时,心理因素也发挥着重要的作用。同时,个体的体育锻炼与个体的心理素质之间存在着相互促进的关系。心理素质不仅会影响个体参与体育锻炼的态度,而且会影响个体进行体育锻炼的效果。反之,个体通过参与体育锻炼,其心理素质会得到有效提高,心理健康水平也会得到提升。

(一)学生心理健康的影响因素

个体的心理健康会受到多方面因素的影响,其中较为重要的有以下几个。

第一,遗传因素。遗传因素会影响个体的性格、气质和能力等,而这些又会影响个体的心理健康状况。由此可以得出,遗传因素会影响个体的心理健康状况。

第二,生理结构。当一个人的生理结构受到一定程度的损害时,其心理也会存在不同程度的异常情况。比如,一个人存在甲状腺机能紊乱的现象,可能导致其心理异常。又如,一个人在神经系统受到损害后,可能导致器质性心理障碍,影响其心理的健康发展。

第三,家庭环境与早期教育。家庭中父母的关系、父母与孩子的关系以及父母对孩子的教育情况等,都会影响孩子的心理状况。当父母关系、亲子关系良好时,孩子会感受到很多的爱与尊重,心理自然也会得到健康发展。

第四，生活事件。个体在生活中所遭遇的一些事件，也会影响其心理健康状况。比如，当个体面临升学考试的压力时，心理会变得十分脆弱，甚至会做出一些极端行为。而要避免这一情况，就需要个体进行有效的心理调节。

第五，都市文化。当前，城市化进程不断加快，与其相伴随的问题也日益突出，如住房困难、人与人的关系日益冷漠等。在这种情况下，个体容易产生恐惧、焦虑、寂寞等不良情绪，影响其心理的健康发展。

（二）体育锻炼能够促进个体心理健康水平的提高

体育锻炼能够促进个体的心理健康，这主要是通过以下几个方面实现的。

1. 体育锻炼能够促进个体智力的发展

一个人要想获得健康的心理并实现心理的健康发展，一个重要的基础条件是拥有正常的智力。而一个人要想拥有正常的智力，一个重要的途径就是积极参与体育锻炼。这是因为，人们在参与体育锻炼的过程中，注意力、记忆力、反应力、思维力、想象力等都能得到有效地提高，同时还可以形成积极的情绪和健康的心理。总之，人的智力能够在体育锻炼中得到发展。

2. 体育锻炼能够帮助个体形成良好的意志品质

一个人的意志品质，会对其身心发展产生重要的影响。拥有良好意志品质的个体，敢于拼搏、勇往直前，而且不怕困难。体育锻炼对于培养个体良好的意志品质具有积极的作用。从这一角度来说，体育锻炼能够帮助学生形成良好的意志品质。

3. 体育锻炼有助于个体获得良好的情感体验

在对体育锻炼对个体心理健康的影响进行衡量时，个体的情绪状态是一个重要的衡量指标。学生由于心理发展不够成熟，很容易出现较大的情绪波动。有研究表明，个体在出现较大的情绪波动时，进行一定量的运动可以使情绪逐渐稳定下来，还可以产生积极的情绪。如此一来，个体便能在体育锻炼中获得良好的情感体验，继而更好地进行学习活动。

4.体育锻炼有助于个体形成良好的自我概念

个体是否具有良好的自我概念,对其身心健康发展也有重要影响。这里所说的自我概念,就是个体对自身进行的主观评价,涉及多方面的内容,有"我是什么""我喜欢什么""我想要做什么"等。个体在参与体育锻炼的过程中,可以对自身的身体表象和心理有更为深刻的认知,还会形成高度的自尊。一个人在形成了良好的身体表象和自尊之后,自然能够产生积极的情绪状态。

5.体育锻炼有助于个体形成健全的心理

健康的心理与健康的身体有着密不可分的关系。一个人若是没有健康的心理,其身体健康状况也会受到一定的影响。反之,一个人的身体健康状况也会影响其心理健康状况。由于体育锻炼有助于个体形成健康的身体状况,因而其自然也能够促进个体形成健康的心理。研究表明,个体长期坚持运动,可降低患忧郁症的危险。因此,学生必须以自己的身心特点为依据,选择适合自己的体育锻炼方法,以形成健康的身体和健康的心理。

第三节 体育锻炼与社会适应能力的提高

当前社会环境是不断变化的,社会生活也瞬息万变。面对这一现实,个体在学生时代就必须重视提高自己的社会适应能力。体育锻炼对于学生社会适应能力的提高具有积极的作用,具体体现在以下几个方面。

一、体育锻炼有助于学生形成与社会需要相适应的价值观

体育锻炼有助于学生形成与社会需要相适应的价值观,这主要是通过以下两个方面来实现的。

（一）体育锻炼有助于学生形成适应社会需要的个性

在学生个性的形成过程中，体育锻炼发挥着重要的作用，具体表现在以下两个方面。

1. 体育锻炼对学生的个性形成具有调整功能

体育锻炼需要有体力、智力、情感和行为的参与，要求学生有较高的体能和技能的投入。同时，学生在进行体育锻炼的过程中有机会发现自己的个性优势与不足，继而进一步发扬个性优势，克服个性方面上的不足。从这一角度来说，体育锻炼有助于调整学生的个性。

2. 体育锻炼对学生的个性形成具有约束作用

学生的体育锻炼主要是以集体的形式开展的，这就要求学生在体育锻炼过程中接受团队活动的监督、约束与限制。学生一旦在体育锻炼中出现不遵守群体规范的行为，就需要接受一定的惩罚或制裁。在此种现实之下，学生就必须接受来自群体的制约，自身的个性也会发生相应的改变。

3. 体育锻炼有助于学生形成积极向上的个性

学生在参与体育锻炼时，必须要有积极主动、顽强拼搏、坚持不懈等良好的意志品质，否则就无法实现体育锻炼的目的。因此，学生通过参加体育锻炼可以形成良好的意志品质，继而形成积极向上的个性。

4. 体育锻炼可以培养学生丰富的情感

人们在参与体育锻炼的过程中，可以获得多种情感体验，满足自己多元化的情感需求。比如，人们在参与竞技体育的过程中，可以感受到成功的喜悦，还会体验到失败的痛苦；可以获得很高的荣誉，也会体验到失败的耻辱；可以感受到竞争的魅力，也可以体会到退让的重要性；等等。又如，人们在参与集体运动的过程中，可以认识到团队合作的重要性，并能够培养良好的团队合作能力；在参与家庭体育的过程中，可以感受到家庭的和睦与欢乐气氛；等等。

第三章　小学体育锻炼与健康

（二）体育锻炼有助于学生学会胜任社会角色

社会中存在很多的角色，而且每一个角色在权利、义务和行为规范等方面是有一定特殊性的。在由体育而结成的社会关系中，每一个社会角色也有其特定的权利、义务和行为规范。只有遵守这些特殊的角色规定，个体才能更好地在社会中生存与发展。此外，在社会组织中，某一成员要想被群体认可，首先自身要有良好的能力，能够被他人所依赖。若其社会地位不被认可，则其无法在社会群体中立足。从这一角度来说，学生在参与体育锻炼的过程中，能够对社会角色进行学习，还可以尝试某一社会角色。在这一过程中，学生可以更深入地理解社会角色，以及学会如何更好地胜任社会角色。

二、体育锻炼有助于培养学生的竞争协作意识和能力

（一）体育锻炼对竞争意识的影响

在体育运动的发展过程中，竞争是一个重要的推动因素。体育竞争不断地接近和突破运动极限，使人们在不停息的奋斗中获得成就感。在体育竞争中没有不劳而获的结果，不允许有身心以外的任何不平等性，所以，体育活动可以使参与者在比赛中建立竞争意识，锻炼人们享受公平与成功或承受奋斗与挫折的能力。

（二）体育锻炼对协作意识和能力的影响

对于学生来说，形成良好的体育意识是很有必要的。在体育意识的构成中，协作意识是一个重要的组成部分。协作即协同配合、齐心协力。学生的体育运动和体育锻炼有着鲜明的集体性特点，对于培养学生的协作意识和团队合作精神具有积极的作用。

体育锻炼的顺利开展，也需要充分发挥集体的力量，而且需要集体成员之间进行密切的协作。事实上，体育锻炼本身也蕴含着协作因素，而且需要让参与其中的人们树立协作意识，掌握协作能力。然而，体育锻炼的这一目的是无法在短时间内完成的，需要在体育教学、训练、竞赛等活动的有机结合过程中才能逐步实现。此外，体育锻炼者在形成了良好的协作意识和协作能力后，可以更好地开展体育锻炼，也可以提高

自己的社会适应能力,继而在社会中走向成功。

三、体育锻炼有助于学生形成良好的人际交往能力

(一)体育锻炼可以提高学生的沟通能力

在学校中开展体育锻炼时,为了保证体育锻炼的效果,往往需要体育教师先对相关的动作技术进行讲解与示范,然后让学生进行实践。在这一过程中,学生可能存在无法看清或无法准确理解动作技术的情况,从而在实践动作技术时出现偏差或错误。此时,要避免或解决这一问题,就需要师生之间及时、有效地进行沟通,掌握问题所在并采取措施进行解决。这样一来,学生不仅能够在参与体育锻炼的过程中掌握一定的动作技术,还可以学会如何与他人进行有效的沟通,从而提高自己的沟通能力。

(二)体育锻炼可以增强学生对身体语言的理解和使用能力

在人们的社交过程中,体育是必须要具备的一项能力。不同的身体姿势所代表的含义是不同的,而且人们可以通过身体语言向他们表达自己内心真实的感情。缺少了身体语言的沟通能力,人们可能无法对对方传达的意思进行准确理解,继而给予应有的反馈。如此一来,双方的沟通便会出现问题,人际关系自然会受到不利影响。体育作为社会文化的组成部分,在长时间的创造和实践中,不断地丰富着它艺术表现的内涵。所以,世人曾用优美的词句把各种各样的体育动作赞美成"空中的芭蕾""浮出水面的鲜花"……的确、体育对提高人的身体语言表达能力是无与伦比的。即使是普通的体育活动,也能够提高参与者的协调和柔韧性,使参与者在练习中寻找美的身姿,在练习中体会动作外观与内涵的统一。因此,学生在参与体育锻炼的过程中,理解与使用身体语言的能力会得到有效提高。

(三)体育锻炼可以改善学生的自我意识水平、移情能力和社交技能

在人际关系的发展之中,自我意识水平起着重要的制约作用。此外,自我意识水平在制约人际关系中的作用是具有针对性的,尤其现代社会中,人与人之间往往表现得非常含蓄。例如,明明我们能力平平,某人却

说我们能力超群,实际上这个人并不接受我们,只是为了表明与我们有很密切的关系。特别一个人的社会地位越来越高时,更有可能得不到有关自我的真正反馈,从而使其更脱离真实世界,并导致其自我意识水平越来越低,移情能力越来越落后,社交技能越来越低,最终成为只会自以为是、天下唯我独尊,只会板着脸孔训人、抓起笔杆画圈的庸人。而通过参与体育活动,就会有效地改变这种状况。因为体育活动的任何成果都是靠参与者的自己判断、自我调节来实现的,来不得半点虚假和造作,自以为是是永远不可取的。

通过体育运动所形成的自我意识行为,在不断运动实践中将变成一个人的自觉行动。而将这种能力运用到社会交往中,就可以了解自己的真实面目和别人对自己言行的真实话况的反映,从而提高自身的社交技能。

第四章 小学体育教学设计的基本理论

在小学教学活动中,体育教学是一个重要的组成部分。小学体育教学的开展是为了实现一定的预定目的,因而在开展之前需要做好教学设计工作。小学体育教学设计工作的顺利开展,不仅可以保证小学体育教学活动的顺利实施,还有助于小学体育教学取得理想的效果。本章将对小学体育教学设计的相关内容进行详细阐述。

第四章 小学体育教学设计的基本理论

第一节 小学体育教学设计的基本认知

一、小学体育教学设计的含义

所谓小学体育教学设计,就是以体育专业理论以及学习理论、传播理论、教学媒体论等相关的理论与技术为基础,运用系统方法分析小学体育教学问题,确定小学体育教学目标,设计解决小学体育教学问题的策略方案、试行方案、评价试行结果和修改方案的系统化计划过程。

小学体育教学设计的重点不是探寻小学体育教学的规律,而是探寻如何利用已知的小学体育教学规律来解决小学体育教学中存在的问题,以保证小学体育教学顺利开展并取得理想的效果。

二、小学体育教学设计的特征

(一)针对性

小学体育教学设计具有鲜明的针对性特征,这主要是通过以下几个方面表现出来的。

第一,在进行小学体育教学设计时,必须针对小学生,切实考虑到小学生的身心发展特点。由于不同年龄层次的小学生在身心发展特点方面具有一定的差异,因而在具体开展小学体育教学设计工作时还要注意不同年龄层次的小学体育教学设计要有所区别。

第二,在进行小学体育教学设计时,必须考虑到小学的实际发展情况以及所具有的体育场地与器材等,确保其能够在学校中予以实施。

第三,在进行小学体育教学设计时,必须依据小学体育教学的教材,确保其能够与教学大纲相符合。

(二)预设性

小学体育教学设计是在教学活动具体实施之前进行的系统策划,因而具有预设性。小学体育教学设计是体育教师在开展体育教学活动之前便做好的规划与安排，目的在于增强体育教学实施的有效性，提升体育教学的效果。

小学体育教学设计的预设性特征，决定了提前设计好的小学体育教学活动并不是一成不变的，而是会因具体的教学实际而发生一定的动态变化。这就要求教师在进行小学体育教学设计时要留有余地，以便及时根据实际的教学情况进行相应调整，继而保证小学体育教学能够顺利进行。

（三）严密性

小学体育教学设计的严密性特征，主要表现在以下两个方面。

第一，在进行小学体育教学设计时，既要做好学段和学年教学设计，也要做好学期、单元和课时教学设计。课时教学设计、单元教学设计、学期教学设计、学年教学设计和学段教学设计之间有着极为密切的关系，相互之间会产生重要影响。

第二，在进行小学体育教学设计时，需要将教学目的、教材、教学方法、教学模式、教学策略、教学评价等相关要素进行有机融合。这些要素之间并不是割裂的，而是存在一定的关系。一旦某一要素的设计出现错误，其他要素的设计很可能也会出现问题。

（四）创造性

体育教师进行小学体育教学设计，一个重要的目的便是吸引小学生积极参与到体育教学活动之中，确保小学体育教学取得理想的效果。要吸引小学生积极参与体育教学活动，需要体育教师所设计和开展的体育教学活动具有新颖性。为此，体育教师在具体进行小学体育教学设计时要充分发挥自己的创造力和想象力，设计出别具一格的教学游戏或练习手段等。从这一角度来看，小学体育教学设计具有创造性特点。

三、小学体育教学设计的任务

在进行小学体育教学设计时，不能盲目地进行，必须以一定的任务为前提。具体来看，小学体育教学设计的任务主要有以下几个。

第四章　小学体育教学设计的基本理论

第一，确定小学体育教学的目标。在进行小学体育教学设计时，一项基础性的任务便是明确小学体育教学的目标。一般来说，需要确定的小学体育教学目标主要有两类：一类是比较高度抽象与概括的目标，这类目标反映的是教育系统任务的基本取向和对学习者发展的一种期望，它是一种"期待性目标"；另一类是具体的个别性的目标，这些具体目标能够通过具体的教学活动而使学生能够完成或实现，也称为"达成性目标"。

第二，分析小学体育学习的内容。对小学体育学习的内容进行分析，也是进行小学体育教学设计的一项重要任务。通过开展这项任务，可以选择、组织、安排更为恰当的小学体育学习内容，确保小学体育教学目标的实现。

第三，分析学生的特点与需要。在进行小学体育教学设计时，对学生的特点与需要进行深入分析也是一项十分重要的任务。这项任务能否顺利完成，影响着体育教师能否更为恰当地确定课堂教学的目标、起点，更为合理地组织教学的内容与过程等；能否选择更为恰当的教学方法和教学手段，确保教学取得理想的效果；能否切实针对学生的实际情况进行因材施教，确保所有学生的体育知识都能得到完善，体育技能得到提升。

第四，分析教学过程的相关措施。教学过程的相关措施，主要有教学方法的选择与设计、教学媒体的选择与设计、课堂教学结构的设计和教学评价的设计等。完成好这项任务，体育教学才能够取得理想的效果。

四、小学体育教学设计的基本理念

小学体育教学设计的基本理念，具体来说有以下几个。

（一）突出"健身育人"，促进学生健康成长

小学体育教学除了重视丰富学生的体育知识、提高学生的体育技能、提升学生的体质，还注重培养学生良好的心理素质和意志品质等，从而实现学生的全面发展。因此，在进行小学体育教学设计时，必须突出"健身育人"的理念，切实促进学生的健康成长。

由于小学生的身心健康会受到多种因素的影响,因而在进行小学体育教学设计时还应充分考虑到影响小学生身心健康的多种因素,以切实提升小学生的身心健康水平。

(二)激发学生的运动兴趣

对于小学生来说,喜爱运动是其天性。如何激发小学生的这一天性,是小学体育教学设计必须要考虑的一个重要问题。兴趣是最好的老师,学生对体育运动感兴趣,自然会积极主动地参与到体育运动之中,从而取得良好的体育运动效果。基于此,在进行小学体育教学设计时,从目标的确定、内容的选择到教学方法手段的运用等,都要考虑对小学生运动兴趣、爱好及运动天性的激发和唤醒,并进一步引导其对体育锻炼产生更加浓厚的兴趣。如此一来,小学生很容易养成良好的体育锻炼习惯,为其身心的健康发展奠定重要基础。

(三)面向全体学生

在进行小学体育教学设计时,必须面向全体学生,确保所有的学生都能在体育教学活动中有所收获。虽然说小学体育教学设计必须面向全体学生,但在具体的设计过程中也要特别关注两类学生:一类是具有体育特长和运动爱好的学生,另一类是身体有残障的学生。特别是后一类学生,体育教师更应给予足够的重视,切实围绕其具体情况,设置适宜的体育教学目标、选择恰当的体育教学内容、选择合适的体育教学手段等,从而引导他们积极参与到体育教学之中。当前,我国小学体育教学在这方面还有欠缺,需进一步予以完善。

(四)充分发挥学生的主体作用

学生是教学的主体,因而在进行小学体育教学设计时,要注意激发学生的主体意识,引导学生积极、自主地参与到体育教学活动之中。与此同时,还要注意在体育教学活动中培养学生的创新意识和实践能力。为此,在具体进行小学体育教学设计时,体育教师必须为学生创新意识和实践能力的培养创设多种情境和机会,切实在体育教学中提升学生的创新意识和实践能力。

第二节 小学体育教学设计的依据与原则

一、小学体育教学设计的依据

为保证小学体育教学设计的科学性、有效性和可行性,需要在设计过程中切实考虑到以下几个方面。

(一)小学生的身心发展特点

在个体的生长发育过程中,小学是一个极为重要的阶段。由于小学生是小学体育教学的对象,而且小学生的身心发展具有自身鲜明的特点,因而在具体进行小学体育教学设计时,必须充分考虑到小学生的身心发展特点及其体育需求等。只有做到了这一点,才能有效地促进小学生的身心协调发展,提高小学生身心全面发展的水平。

(二)小学体育教材

体育教材是体育教学的基本内容,也是体育课程基本理念的集中反映。在对体育知识进行系统传授、在对学生的体育运动水平和终身体育学习能力进行培养时,都必须要借助于体育教材这一重要的载体。此外,体育教材是体育教学质量的重要保证,在体育人才培养中发挥着极为重要的作用。因此,体育教师在进行小学体育教学设计时,必须充分考虑到小学体育教材中所涵盖的内容。唯有如此,小学体育教学设计才能充分发挥自己的作用,促使小学体育教学取得良好的成效。

(三)学校的体育教学条件

学校体育教学的开展情况会受到自身条件的直接影响。因此,体育教师在进行小学体育教学设计时,也要充分考虑到学校自身的实际情况。各个学校所在的区域条件有一定的差异,其所具备的体育场馆、体育设施设备、体育师资队伍等也有一定的不同,因此,小学体育教学设计不可采取一刀切的方式,必须充分考虑到各个学校能够为开展体育教学所提供的条件。

二、小学体育教学设计的原则

在进行小学体育教学设计时,要想取得理想的效果,需要遵循一定的原则。具体来说,小学体育教学设计的原则主要有以下几个。

(一)综合性原则

小学体育教学所涉及的内容是十分丰富的,而且小学体育教学的对象也具有多样化的特点。因此,在进行小学体育教学设计时,必须遵循综合性原则。要在小学体育教学设计中有效贯彻这一原则,必须做好以下几方面的工作。

第一,要依据实际教学情况设计多样化的体育教学方法、体育教学组织形式等,以便学生能够始终对体育运动保持较高的兴趣,继而积极、主动地参与到体育教学之中。

第二,要注意新旧教材的搭配组合,确保所设计的体育教学内容能够紧跟时代的发展需求。同时,要注意不同体育运动项目之间的联系,确保一些基本的教学方法、教学手段等能够具有共通性。

第三,要注意对现代化的教学手段和教学技术等进行有效运用,这有助于学生更为直观、形象地掌握体育运动的相关技术动作和方法,对提高学生的技战术水平和运动能力也有一定的帮助。

(二)主体性原则

在进行小学体育教学设计时,必须要明确"以学生发展为中心"的观点。也就是说,小学体育教学设计必须遵循主体性原则,即在进行小学体育教学设计时,要切实尊重学生在教学过程中的主体地位,充分发挥学生的自主性和创造性。要在小学体育教学设计中有效贯彻这一原则,必须做好以下几方面的工作。

第一,所设计的体育教学内容、体育教学方法等要能够激发学生的体育学习兴趣,并引导学生将对体育运动的兴趣转化为执着的热爱。

第二,所设计的体育教学内容等要能够引导学生明确体育学习的目的。目的是学习的动力,目的明确且正确,才能长期保持自觉、积极的学习状态。

第三，所设计的体育教学方法、体育教学模式等要能够帮助体育教师与学生建立民主平等的师生关系，继而创建一个生动和谐的体育教学环境。

第四，所设计的体育教学方法、体育教学模式等要有助于体育教师充分发挥自己的主导作用。在教学过程中，学生处于主体地位，教师处于主导地位。同时，教师只有积极发挥自己的主导地位，学生的主体地位才能充分展现出来。

（三）全面性原则

小学体育教学所面对的是具有个体差异和不同体育需求的学生，因此要确保每个学生都能在体育教学过程中有所收获，就需要在进行小学体育教学设计时遵循全面性原则。要在小学体育教学设计中有效贯彻这一原则，必须做好以下几方面的工作。

第一，体育教师在选择体育教学的教材、确定体育教学的方法与组织形式时，必须要考虑到全体学生，确保绝大多数学生都能在体育教学过程中有所收获。

第二，体育教师在设计体育教学的内容、方法时，要尽可能保证体育教学内容的丰富性和体育教学方法的多样性，以便能满足更多学生的体育需求。

第三，体育教师在设计体育教学的目标与要求时，要注意具有差异性。比如，对于身体素质和运动水平较好的学生，要对其提出更高的目标和要求；对于身体素质和运动水平稍差一些的学生，对其提出的目标和要求要相对低一些。

第四，体育教师在进行小学体育教学设计时，要从整体把握学段、水平、学年、学期、单元和课时等不同层次教学设计的关系，确保各个层次的教学目标都能得以实现。

（四）快乐体育原则

在当前的体育教学指导思想中，快乐体育教学思想受到了越来越多学者的关注与认可。快乐体育教学思想强调重视学生在体育教学中的地位和内心体验，是尊重学生主体地位的体现。因此，在进行小学体育教学设计时,必须遵循快乐体育原则,即要确保所设计的教学内容、教学方法、教学模式等能够激发学生的体育运动兴趣,并使学生在参与体育运动的过程中获得快乐的体验。

(五)开放性原则

开放性原则是指在小学体育教学设计过程中,要对教学方案各要素的设计留有余地,为学生学习提供开放的空间,以激发学生在学习过程中的能动性和创造性。

开放性原则是基于"以学生为主体,发挥学生创造性"的教学理念提出的。为了使学生成为学习的真正主体,小学体育教学设计应在教学内容、教学过程、教学时空、教学形式、教学评价等多方面放开,不要把教学过程设计为一成不变的纲要和条目,而应给学生学习留出相应的空间和余地。

第三节 小学体育教学设计的流程与要素

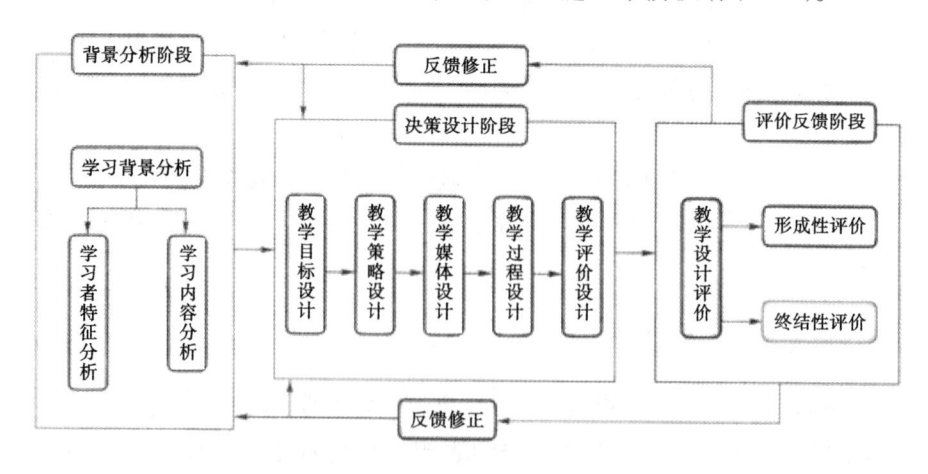

一、小学体育教学设计的流程

在进行小学体育教学设计时,通常要经过三个阶段(图4-1)。

图4-1 小学体育教学设计的流程

第四章 小学体育教学设计的基本理论

（一）背景分析阶段

在进行小学体育教学设计时,若缺乏对影响体育教学各要素的背景分析,只凭借主观意志进行安排,就无法设计出反映体育课程理念,适合具体教学对象的科学、合理的体育教学方案,必然会使体育的教学过程充满盲目性和随意性。因此,做好小学体育教学设计的背景分析是十分重要的。

一般来说,在进行小学体育教学设计的背景分析时,应从学习者特征分析和学习内容分析两个方面着手。其中,学习者特征分析主要包括对学生生理发育、知识水平、运动技能水平、学习动机及态度等进行的分析。例如,水平一和水平二的学生骨骼比较柔软且容易变形,肌肉的发育尚不完全,而且力量发展较差,而水平三的学生肌肉力量则相对较强。此外,不可忽视的还有学生之间在智力、学习风格等方面的差异。学习内容分析主要是对小学体育教材的功能价值及要求进行的分析。例如,根据水平一和水平二学生的特点,在选择不同层次的体育教学内容时,可以选择走、跑、跳、投、击打等基本活动动作,同时还可穿插一些游戏性内容,如队列游戏、奔跑游戏、球类游戏等。

（二）决策设计阶段

在做好小学体育教学设计的背景分析工作后,就可以进入决策设计阶段了。在这一阶段,需要做好以下几方面的工作。

第一,确定教学目标,并根据教学目标和教材选定教学内容,然后制订合理的教学策略、确定运动负荷、布置场地器材等。

第二,考虑用什么方式和方法给学生呈现体育教材并提供学习指导,更好地激发学生的学习动机。

第三,考虑用什么方式组织教学,在实现教学目标的基础上必须保证上课的安全性。

第四,考虑用什么方法和手段来评价学生体育学习的效果,从而为下一步的教学设计奠定基础。

（三）评价反馈阶段

小学体育教学设计的评价反馈阶段,主要是对设计的小学体育教学方案进行评价,并通过相应反馈不断地对设计的教学方案进行完善。对教学设计的评价是小学体育教学设计过程中不可缺少的重要环节之一,但也是常被体育教师忽视的环节。首先可依据小学体育教学设计的原则来评价方案的可行性,然后再通过教学效果来评价方案的合理性,并进行完善。

二、小学体育教学设计的要素

通常来说,小学体育教学设计会涉及以下几个要素。

(一)学生情况

学生情况分析属于背景分析的重要内容,对学生情况掌握得越详细,就越能增强教学设计的针对性和可行性。对学生的情况进行分析可以为小学体育教学设计提供重要依据,而且在分析过程中要特别注意以下几个方面。

第一,学生的年龄特征。

第二,班级成员的组成情况,是否存在特殊学生。

第三,学生的体育基础(运动技能、体能水平)、学习风格以及体育学习风气等。

(二)学习内容

学习内容是指为实现教学目标,要求学生必须掌握的知识和技能以及应形成的态度的总和。学习内容分析将影响教师对教材的把握,影响学生学习的水平,影响教学目标的完成,以及教学媒体的选用效果等。

(三)教学目标

体育教学目标是在体育教学中师生预期达到的教学结果和标准,是体育教学活动的出发点和归宿,它支配、调节、控制着整个体育教学过程,并决定着体育教学的发展方向。为了把体育教学的基本任务落实到具体的教学过程中,教师必然要设计教学目标。

第四章 小学体育教学设计的基本理论

（四）教学策略

教学策略设计包括教学内容选择、教学方法和手段选择、教学组织形式选择等内容。选择体育教学内容就是指根据教学目标确定要求学生掌握的知识、技能。体育教师应遵循"目标引领内容"的理念，确定在各层次教学设计中所应选择的教学内容；遵循"运动技能形成规律"，将所学运动技能，按照从易到难、从简单到复杂的学习过程，安排在不同层次的教学计划中；遵循身体素质发展的敏感期规律，将提高身体素质的相应练习安排在对应的年龄段。教学方法和手段的选择与运用是否合适，将直接关系教学的成败和教学效率的高低，因此，正确理解、选择和运用教学方法和手段成为教学策略制订的重要内容。

在小学体育教学中，体育教师要根据具体的教学内容，结合学生的学习特点，选择新颖、有趣、多样的教学方法和手段，以激发学生的学习兴趣。尤其要重视自主学习、合作学习、探究学习等新型学习方式在教学中的运用，以促进学生的全面发展。对于已经初步选定的教学内容，体育教师要组织安排，使之具有一定的系统性和逻辑性，即选择教学组织形式。传统教学组织形式以全班集体教学为主，而在新课程理念下，教师应重视小组合作教学的形式，以增加学生之间的交流、合作与竞争，培养学生的团队意识和交流沟通能力。

（五）教学媒体

在教学活动中，学生获得的教学信息是多方面的，而承载信息的教学媒体对教学效率的影响也是显著的。因此，在小学体育教学设计中，教师应将教学媒体的合理选择与运用作为教学策略制订的重要内容。小学体育教学中的媒体主要有场地器材等，选择和安排体育教学媒体要注意媒体多元化，将实践与教育技术相结合，合理应用文字、图像、音乐、摄影，以及场地器材的摆放、器材颜色的调整等方法，提高学生对体育活动的认知能力。同时，教师要重视创设多种教学情境，制作各种小教具，以激发学生的学习兴趣。

（六）教学过程

体育教学过程是体育课堂教学的核心，其不仅要有教师的"目标—

策略—评价",也要有学生的"活动—体验—表现",还要有学生的主动参与和体验,让学生在观察、讨论、质疑、探究的体验中学习知识与技能,完善人格。小学体育教学过程的设计要根据具体的教学目标、教学内容和学生的特点来确定。

(七)教学评价

小学体育教学评价是检验小学教学目标是否达成的重要手段。小学体育教学评价的设计要体现发展性评价理念,对"为什么评价、谁来评价、怎么评价"等问题进行系统回答。在进行小学体育教学评价设计时,体育教师应特别注意以下几个方面。

首先,要明确评价的目的,结合具体教学内容对学生学习进行客观评价。

其次,要重视学生作为评价主体的重要性,引导学生学习自评和对他人做出客观评价,以培养学生的评析能力。

最后,要以相对评价与绝对评价相结合、定性评价与定量评价相结合、形成性评价与终结性评价相结合的评价形式对学生的学习情况进行客观而全面的评价。

(八)教学设计评价

小学体育教学设计的评价是小学体育教学设计过程的最后一个环节,它是小学体育教学设计的重要组成部分,绝对不能忽视或省略。为了完善教学设计,教师需要对设计的教学方案进行预先评价,主要有两个途径:一是在实施之前评价教学方案,是理论上的预评,主要目的是提高方案在教学实施过程中的可行性和可操作性;二是在教学活动之后评价教学方案,总结教学活动经验教训,从而修订目前所实施的教学方案。

第五章 小学体育教学计划与教学策略的设计

小学体育教学计划与教学策略的设计情况，会影响到小学体育教学目标能否顺利完成，也会影响到小学体育教学工作能否有序进行，还会影响到小学体育教学质量能否得到有效提高。本章将对小学体育教学计划与教学策略设计的相关内容进行详细阐述。

第五章　小学体育教学计划与教学策略的设计

第一节　小学体育教学计划的设计

小学体育教学计划是依据小学体育课程标准规定的活动或内容要求,结合小学生的身心发展特点和学校体育场地、设备等实际情况制订的体育教学指导方案和体育教学过程实施方案。

一、小学体育学段教学计划的设计

小学体育学段教学计划就是以小学阶段或水平标准为单位,结合小学体育教学用书以及小学体育教学条件等而制订的小学体育教学指导方案。小学体育学段教学计划可以说是整个小学阶段体育教学的总体规划,因而其设计情况会影响到小学体育教学的总体状况。

小学体育学段教学计划的设计者是各个学校,而且在设计过程中需要明确小学体育的学段教学目标、选择和编排教学内容、分配各个教学内容的教学课时数等。

二、小学体育学年教学计划的设计

小学体育学年教学计划就是以年级为单位,依据国家课程标准,结合学校实际和学生年龄特点,对全年教学内容和考核项目的规划。

（一）小学体育学年教学计划的内容设计

一般来说,在设计小学体育学年教学计划时,需要做好以下几方面的工作。

第一,要确定本学年的体育教学目标。

第二,要确定本学年每个学期实际的上课时数,以及确定各项教材的时数比例。

第三,要依据本学年的教学目标来选定本学年的教学内容,并要分配好两个学期的教学内容。

第四,要确定每学期的重点教材和考核教材,并要合理确定两个学期各项教材的时效和比重。

(二)小学体育学年教学计划设计的注意事项

在对小学体育学年教学计划进行设计时,要想保证设计的科学性和合理性,需要注意以下几个方面。

第一,在设计前要对小学生的基本情况进行深入研究,以保证小学体育学年教学计划的针对性。

第二,在设计过程中要充分考虑到学生的发展需要,以激发学生的学习积极性,培养学生的自主学习能力和终身体育意识。

第三,在设计过程中要充分考虑到学校的基本情况以及学校的体育教学条件,还要考虑到体育教育的实际教学水平等,这有利于学年教学计划的顺利实现。

第四,所设计的小学体育教学计划应有一定的弹性余地,以便在实际教学过程中能够根据现实状况进行相应的修改。

第五,要确保所设计的教学内容适合小学生的身心发展水平,能够激发小学生的学习兴趣,具有健身性、知识性和科学性,对增强体能、增进健康有较强的实效性等。

三、小学体育学期教学计划的设计

学期教学工作计划是把全年教学工作计划中规定的每个学期的各项教材和时数,按照一定的要求,合理地分配到每次课中去,并提出考核项目和考核时间。

(一)小学体育学期教学计划的设计要求

在对小学体育学期教学计划进行设计时,要想保证设计的科学性和合理性,需要遵循以下几个要求。

第一,在对每次课的教材内容进行安排时,既要注意向学生教授一定的体育知识和体育技能,又要注意发展学生的身体素质。

第二，在对每次课的教材内容进行选择、对教学方法进行选择等时，要充分考虑到学生的身体承受能力以及学生的学习需求等。

第三，要安排好教学进度，包括教学时数和总学时数。

第四，安排的学期教学内容要有系统性与连贯性，而且要遵循由简单到复杂、由易到难的顺序。

第五，要安排好每次教学内容的量，并要允许依据教学实际进行相应调整。

第六，要考虑季节气候的特点来设计学期教学计划，以免影响教学的顺利进行。

(二)小学体育学期教学计划的设计步骤

在设计小学体育学期教学计划时，除了要遵循上面的设计要求，还需要遵循一定的设计步骤，具体如下。

第一，在着手设计小学体育学习教学计划前，要先对本学期教材排列的先后顺序和教材之间的搭配(教材的纵横关系)大体有个考虑，对一学期的教材做出一个初步的安排。

第二，根据体育教学在本学期的时数进行设计。

第三，分配每次课的教材，要优先安排考核项目(即主要教材)，然后再搭配其他教材。

第四，要根据教材的难易程度、学生的基础和场地器材等来安排教学内容。

第五，检查与调整学期教学计划，确保其合理性和可操作性。

四、小学体育单元教学计划的设计

小学体育单元教学计划就是根据学期教学计划的规定与要求，按运动项目的内在结构与逻辑排列体育课次顺序、目标、内容与方法等，并提出考核或考查标准与方法的一种教学文件。

(一)小学体育单元教学计划的设计要求

在设计小学体育单元教学计划时，必须遵守以下几个要求。

第一，要认真钻研小学单元教学内容的性质与教学难度。

第二，要把握小学单元教学内容的内在结构与逻辑性。

第三，要切实根据小学生的特点、单元教学内容难度，合理安排小学单元教学时数与课次顺序。

（二）小学体育单元教学计划的设计步骤

在设计小学体育单元教学计划时，除了要遵循上面的设计要求，还需要遵循一定的设计步骤，具体如下。

第一，确定小学单元教学目标。针对学期教学目标与要求，结合运动项目特点、学生特点等，从运动参与、运动技能、身体健康、心理健康与社会适应等方面分别确定单元教学目标。

第二，明确小学单元教学的重难点。

第三，安排单元教学中每节课的教学目标与教材内容、教学重难点、学生学练步骤等。

第四，明确小学单元教学考核或考查内容、标准和要求。

五、小学体育课时教学计划的设计

小学体育课时教学计划是根据学期教学计划和单元教学计划的规定与要求，在分析学情、学校场地器材条件等基础上，合理设计每节课的教学目标、教学方法与手段、学练步骤、组织措施、运动负荷、练习密度、场地器材等的一种教学文件。

（一）小学体育课时教学计划的设计要求

在设计小学体育课时教学计划时，必须遵守以下几个要求。

第一，要切实依据学期教学计划、单元教学计划来设计小学体育课时教学计划。

第二，小学体育课时教学目标应具体、明确、可操作、可评价。

第三，要认真钻研教材、教法，有效把握教材内容的技术要领、重难点、易出现的错误动作及纠正方法。

第四，要根据课程标准和学生身心特点采取合理的教学方法和教学手段，确保教学过程的趣味性，提高学生参与活动的积极性。

第五，明确小学体育课的具体时间。一般来说，一节小学体育课为

第五章 小学体育教学计划与教学策略的设计

40分钟。

（二）小学体育课时教学计划的设计步骤

在设计小学体育课时教学计划时，除了要遵循上面的设计要求，还需要遵循一定的设计步骤，具体如下。

第一，明确指导思想。义务教育阶段的体育课程标准强调"健康第一"的指导思想，因此一定要在"健康第一"的指导思想下来落实小学体育课时教学活动。

第二，分析学情与教材。在对学情进行分析时，可针对具体的班级，分析小学生的前期运动学习基础、单元教学课次基础、学生组织纪律情况、班级学习氛围、班级学生身体素质、有没有特殊学生等情况。在分析教材时，可针对具体的教学内容进行深入的分析。

第三，确定课时教学目标。针对小学水平目标、学年目标、学期目标、单元目标与要求，结合运动项目特点、学生学情、单元课次、学校场地器材特点，从运动参与、运动技能、身体健康、心理健康与社会适应等方面分别确定课时教学目标。

第四，明确课时教学重难点。根据学期教学计划、单元教学计划与要求，明确课时教学重难点。

第五，安排各个部分的内容与时间。通常而言，实践课由开始部分、热身部分、基本部分、放松部分和结束部分组成。理论课主要由开始部分、基本部分和结束部分三部分组成。具体时间根据各部分内容的需求进行安排。一般情况下，基本部分占总课时的60%。

第六，确定主要的教材、教学方法与手段。教学方法与手段的选择一般是针对教师而言的，小学体育具有一定的特殊性，教学方法一般采用情景教学法为主，辅以讲解、直观、分解、游戏、竞赛等方法；教学手段则要充分利用学校的场地、器材、仪器、设备等。常用的教学手段有挂图、模型、多媒体、录音机、各种器材等。

第七，安排学生的学练步骤。学练步骤是针对学生练习而言的，即在课堂教学中安排学生的每个练习及其顺序，并估计各种练习的时间、次数、组数等。

第八，明确教学组织形式。小学体育的教学形式主要有编班分组与分组教学两种。

第九,预计运动负荷与练习密度。根据教学内容特点、学生年龄特点、学生分组情况,做好运动负荷与练习密度的预计,小学生最高的心率指标一般在 120 次/分钟以下。如果教材内容运动负荷不足,可以安排一些素质练习内容;如果练习密度不够,可以增加学生练习的组数与次数,减少休息时间等。但一定要注意不可运动过度,以免造成运动伤害。

第十,提出场地器材方面的要求。根据教材内容的特点、学生人数、练习密度等因素,提出场地器材的要求。

第十一,撰写教案。教案是体育教师课堂教学的具体工作计划,是根据体育教师执行教学进度所规定的教学内容、教学对象和教学基本条件设计的,是根据体育教师执行教学工作的最重要的基本文件。一般来说,在对小学体育教学的教案进行设计时,需要注意:在确定一堂课的教学任务和教学内容时,必须充分考虑到教学进度的总体安排,这对于篮球运动教学总目标和总任务的实现是有积极作用的;要在对教学进度的总体安排以及本次课的任务进行充分考虑的基础上,对课的类型和教法进行明确,对运动负荷进行合理安排;要确保本次课和前后课次在教学内容方面具有一定的联系;要根据学生的数量对篮球运动的场地、器材等进行合理配备。

第二节 小学体育教学策略的设计

在进行小学体育教学设计时,体育教学策略的设计也是一项十分重要的内容。小学体育教学策略的设计,影响着小学体育教学活动的开展情况以及最终所能获得的教学效果。

一、小学体育教学策略的特点

小学体育教学策略就是体育教师为小学体育教学目标的有效实现而选用体育教学的组织形式、选择体育教学的方法与手段等的思路或谋

第五章 小学体育教学计划与教学策略的设计

略。关于体育教学策略的特点,可以从以下几个方面进行分析。

第一,指向性。体育教师无论在何时、在何种情况下设计小学体育教学策略,最终都要指向体育教学目标的实现。也就是说,体育教师要在小学体育教学目标的指导下来设计小学体育教学策略。

第二,灵活性。小学体育教学策略并不是固定不变的,而是会随着体育教学目标、体育教学环境和体育教学对象等的改变而有所变化。

第三,多样性。小学体育教学的过程是复杂多变的,小学体育教学的目标也是多种多样的,这就决定了为确保小学体育教学需求得到有效满足,就必须保证小学体育教学策略的多样性。

第四,综合性。体育教师在对小学体育教学策略进行设计时,要想保证所设计的体育教学策略的有效性,就需要对影响小学体育教学策略的各个影响因素进行综合考虑。

第五,可操作性。小学体育教学策略的设计都是以其能够支持体育教学的有效实施为前提的,因而可操作性也是体育教学策略的一个重要特点。

二、小学体育教学策略的设计依据

体育教师在对小学体育教学策略进行设计时,要确保其能够具有实用性和可操作性,为此在设计过程中必须切实依据以下几个方面。

第一,小学体育教学目标。小学体育教学目标是小学体育教学活动开展的重要指导,而小学体育教学策略设计是小学体育教学活动的组成内容之一,因而小学体育教学策略的设计应以小学体育教学目标为依据。

第二,小学体育教学与学习的规律。小学体育教学策略应能够保证小学体育教学活动的顺利开展,促进学生进行积极主动的学习,因而在对其进行设计时,必须要依据小学体育教学与学习的规律。

第三,小学体育教材的内容。体育教学的开展离不开体育教材,因而以促进小学体育教学顺利开展为目的之一的小学体育教学策略设计,也必须切实考虑到小学体育教材的内容。

第四,小学生的特点。体育教学的对象是学生,而不同的学生在兴趣爱好、个性、品质、学习风格等方面是有所不同的,这就决定了体育教学要想取得最佳的效果,就要确保所设计的体育教学策略能够与学生的身心发展特点相符合。

第五,体育教师的实际情况。体育教学策略的设计与实施都是通过体育教师来实现的,而不同的体育教师在体育知识结构、体育技能水平以及体育教学水平等方面是有一定差异的,因而体育教学策略的设计必须要考虑到体育教师自身的实际情况。

第六,体育教学的客观条件。体育教师在设计体育教学策略时,会受到一些体育教学客观条件的制约。这里所说的体育教学客观条件,主要指的是体育教学的场地、体育教学的设备、体育教学的器材等。

三、小学体育教学策略的内容设计

小学体育教学策略的实施效果,会受到小学体育教学策略内容设计情况的影响。就当前而言,在对小学体育教学策略的内容进行设计时,可具体从以下几个方面展开。

(一)小学体育教学组织形式的设计

体育教学组织形式就是能够对体育教学的时间与空间进行有效利用,能够促进体育教师充分发挥自己的主导作用、学生充分发挥自己的主体地位的体育教学活动结构的组合形式。在体育教学活动的实施过程中,体育教学组织形式会对实施效果产生直接且重要的影响。因此,在进行小学体育教学策略设计时,体育教学组织形式的设计是一项不可忽视的内容。在具体进行小学体育教学组织形式的设计时,可从以下几个方面着手。

1. 体育课堂常规的设计

在对小学体育教学的组织形式进行设计时,体育课堂常规的设计是一项十分重要的内容。所谓体育课堂常规设计,就是根据体育教学的目标,对体育课堂常规进行灵活地安排。小学体育课堂常规设计得好,不仅能够培养学生遵纪守法的意识,增强学生的道德行为,而且能够提高学生的学习积极性和主动性,继而保证体育教学的质量。

第五章 小学体育教学计划与教学策略的设计

2. 对小学体育教学场地与器材的设计

小学体育教学的场地与器材,也会影响到小学体育教学的效果。因此,在进行小学体育教学策略设计时,必须重视小学体育教学场地与器材的设计。在具体开展这项工作时,以下几个方面要特别予以注意。

第一,体育教学场地与器材的设计必须遵循经济、实用、高效的原则,以便体育教学场地与器材能够发挥出最大效益。

第二,体育教学场地与器材的设计必须以有利于学生队伍的调整和调动为前提,这对于保证体育教学的顺利进行具有积极的意义。

第三,体育教学场地与器材的设计必须考虑到学生的实际情况,以便能够激发学生的体育学习兴趣和体育学习主动性。

第四,体育教学场地与器材的设计必须以安全为前提,以尽可能地减少或避免体育意外的出现。

第五,体育教学场地与器材的设计要考虑到体育教学目标的要求,即所设计的体育教学场地与器材要有助于体育教学目标的实现。

3. 小学体育教学组织形式的选择

选择恰当的小学体育教学组织形式,也是小学体育教学组织形式设计的一项重要内容。在这一过程中,应特别注意以下几个方面。

第一,要依据小学体育教学的目标和具体任务来选择体育教学的组织形式。

第二,要在对小学体育教材内容的特点进行综合把握的基础上来选择体育教学的组织形式。

第三,要注意根据小学体育教学的环境和小学体育教学对象的实际特点,对体育教学的组织形式进行合理运用或是创新。

(二)小学体育教学方法的设计

在设计小学体育教学策略时,小学体育教学方法的设计也是其中的一项内容。一般来说,小学体育教学方法的设计需要依据以下几个方面。

第一,小学体育教材的内容以及小学体育教学的媒介。体育教材的内容、体育教学的媒介不同,所设计的体育教学方法也应有一定的差异。

第二,小学体育教学的规律。在设计体育教学方法时,只有遵循体育教学的规律,才能保证其在体育教学中具有科学性、合理性和实用性。

第三,小学体育教学的目标与任务。体育教学的目标、任务不同,所适用的体育教学方法也会有所不同。

第四,小学体育教师的实际情况。体育教学方法是由体育教师来予以实施的,因而在设计体育教学方法时必须要考虑到体育教师的实际情况。

第五,小学生的实际情况。体育教学方法的设计只有充分考虑到学生的实际情况,才能确保该方法能够促进学生的体育学习。

(三)小学体育教学手段的设计

体育教学和身体练习的各种媒介物,便是体育教学手段。对小学体育教学手段进行合理设计,也是小学体育教学策略设计的一项重要内容。在具体设计小学体育教学的手段时,应特别注意以下几个方面。

第一,小学体育教学的目标不同,所设计的体育教学手段也应有所不同。也就是说,体育教学手段必须依据体育教学目标进行设计。

第二,小学体育教学的内容不同,有助于体育教学内容实现的教学手段也会有一定的差异。因此,在对体育教学手段进行设计时,必须充分考虑到体育教学内容的特点和功能等。

第三,小学体育教学的具体对象不同,所选用的体育教学手段也需要有所差别。

第四,体育教师的实际情况不同,对小学体育教学手段进行选择和设计也要有所差异。

第五,学校体育教学的实际情况不同,所设计和选用的体育教学手段也应有所不同。

第六章 小学体育教学目标的设计

在开展小学体育教学时，为保证教学工作的顺利进行并取得理想的效果，必须要提前设计教学的目标。小学体育教学目标的设计需要综合考虑多方面的因素，而且需要明确教学目标的层次以及教学目标的编写与表述方法。本章将对这些问题进行详细阐述。

第六章 小学体育教学目标的设计

第一节 小学体育课程目标与教学目标

一、小学体育课程目标

当前,小学教育以素质教育为主,重在培养学生良好的道德精神品质以及多方面的能力,促进学生的全面发展,为其日后成长为合理的社会主义建设者奠定重要的基础。为此,小学教育中包含了多样化的课程,体育课程便是其中之一。小学生通过学习体育课程,能够了解一些基础的体育知识和体育运动方法,掌握一些基本的体育运动技能;能够持之以恒地进行体育锻炼,继而提高自身的体质;能够形成一定的体育意识,养成良好的体育锻炼习惯;能够体验到运动的乐趣,并能够在运动中形成积极的心理与情绪,养成良好的个性品质;等等。因此,必须重视小学体育课程。要促进小学体育课程的有效实施,必须要制订恰当的小学体育课程目标。就当前来说,小学体育课程目标应包括以下几方面的内容。

(一)运动参与目标

在开展小学体育课程中,只有让学生真正参与其中,才能实现课程的目的。因此,在制订小学体育课程目标时,必须重视运动参与目标。这一目标主要体现在小学生对待体育学习与锻炼的态度,以及小学生在体育学习与锻炼中表现出来的行为两个方面。

小学体育课程的内容是极为丰富的,而且开展小学体育课程的方法是多种多样的,这对于培养小学生的体育运动兴趣、提高小学生的体育运动参与意识具有积极的作用。此外,小学体育的运动参与目标主要有两个:一个是学生积极参与体育学习和锻炼,另一个是学生能体验到运动乐趣与成功。

（二）运动技能目标

在开展小学体育课程中，除了要重视培养小学生的体育运动兴趣和体育运动参与意识，还要重视培养小学生的基本运动技能。因此，运动技能目标也是小学体育课程目标的一个重要组成部分。

小学生只有掌握了一定的体育运动技能，并能灵活地运用这些体育运动技能，才能不断提升自己的体育运动水平，预防或减少在体育运动中受到损伤。此外，小学生的体育运动技能目标主要体现在三个方面：一是掌握一定的体育运动知识，二是掌握运动技能和方法，三是增强体育安全意识和体育运动损伤的防范能力。

（三）身体健康目标

在小学体育课程目标的构成中，身体健康目标也是一个重要的组成部分。这里所说的身体健康，主要体现在三个方面：一是学生具有良好的体能；二是学生具有正常的身体机能；三是学生能够保持充沛的精力。在此基础上制订的身体健康目标，是与小学生的身心发展特点相符合的，因而能够促进小学生增强体质，提高心理健康水平。

具体来看，小学体育课程的身体健康目标应包括以下几方面的内容。

第一，让学生掌握基本的保健知识与方法。

第二，帮助学生形成良好的体态。

第三，提高学生的健身能力，促进学生体能的全面发展。

第四，增强学生对自然环境进行适应的能力。

（四）心理健康与社会适应目标

在小学体育课程目标的构成中，心理健康与社会适应目标也是一个重要的组成部分。心理健康与社会适应主要反映在两个方面：一是个体对自身的感觉状况，二是个体与社会相处的状态。其既会受到小学生本人的直接影响，也会受到体育运动的影响。也就是说，小学生在参与体育运动的过程中，能够形成良好的心理健康与社会适应状态。

具体来看，小学阶段的心理健康与社会适应目标需要包含以下几方面的内容。

第六章　小学体育教学目标的设计

第一,让小学生形成良好的意识品质,如自信、自尊、勇敢、不怕困难、勇于面对问题等。

第二,让小学生养成良好的体育道德,如热爱集体、团结同学、公平公正地竞争等。

第三,让小学生学会一些简单的情绪调控方法。

第四,让小学生形成合作意识,不断提高团队协作的能力。

这里需要特别指出的是,小学体育课程目标的这四个组成部分之间是相互联系的,并统一在小学体育课程目标这一整体之中。同时,小学体育课程目标的实现,需要国家、政府以及学校师生的共同努力。

二、小学体育教学目标

小学体育教学目标指的是小学体育教学活动实施的方向和预期达成的结果,是一切小学体育教学活动的出发点和最终归宿。一般来说,小学体育教学目标要依据课程目标进行设计,是教育目的、教育目标、培养目标和课程目标的具体体现。

(一)小学体育教学目标的重要性

不论在何时开展小学体育教学活动,都必须要对小学体育教学目标予以高度关注,原因有以下几个。

1. 小学体育教学目标能够保障小学体育教学目的的实现

小学体育教学目标是在小学体育教学目的的指导下进行制订的,因而二者的性质是相同的,在方向上也具有统一性。不过,这二者之间也有一些区别,最为明显的便是小学体育教学目标要更为具体一些,而小学体育教学目的是相对抽象的。此外,在判定小学体育教学目的是否得到有效实现时,小学体育教学目标的实现情况是一个重要的判断依据。基于此,得出了上述观点。

2. 小学体育教学目标能够促进小学体育学科教学功能的发挥

在小学体育教学的开展过程中,体育教师需要做的工作有很多,而其中一项重要的工作便是对体育教学目标进行合理制订。体育教师能否有效地完成这一工作,不仅会影响到小学体育教学的效果,还会影响到小学体育学科的功能能否得到充分发挥。因此,合理地制订小学体育教学目标是极为重要的。

3. 小学体育教学目标能够促进小学体育教学任务的明确与落实

在对小学体育教学的任务进行明确时,小学体育教学目标是一个重要的影响因素。只有明确小学体育教学的目标,保证小学体育教学目标的科学性与合理性,才能在明确小学体育教学任务时更有针对性,也才能保证小学体育教学任务具有实现的现实可能性。

4. 小学体育教学目标能够对小学体育教学的进程进行有效规约

关于小学体育教学目标的这一作用,可以从以下几个方面进行分析。

第一,小学体育教学进程会受到小学体育教学方向的影响,而在确定小学体育教学的方向时,小学体育教学目标是必须要考虑的一个重要因素。

第二,小学体育教学进程会受到小学体育教学方法的影响,而小学体育教学方法的选择是否恰当、所选择的小学体育教学方法能否发挥最大的效用,在很大程度上取决于小学体育教学的目标是否恰当。

第三,小学体育教学进程会受到实际教学情况的影响,而要确保实际教学的顺利进行,必须要提前制订一些与教学相关的规约,而小学体育教学目标便是一种重要的教学规约。

5. 小学体育教学目标能够指引、激励教师的教与学生的学

目标对行为具有指导与促进作用,因此个体要想使自己的行为能够坚持下去,必须要制订恰当的行为目标。一旦目标与行为融合在一起,个体便能够获得强烈的行为动机,继而积极地完成某一行为。

具体到小学体育教学这一行为来说,体育教师要想明确自己的体育教学方向和体育教学积极性,学生要想提高自己的学习兴趣和学习动力,都必须重视发挥小学体育教学目标的作用。也就是说,恰当的小学体育教学目标能够促进体育教师积极的教和学生积极的学。从这一角度来说,合理地制订小学体育教学目标是极为重要的。

第六章　小学体育教学目标的设计

6. 小学体育教学目标能够形成检验教学成果的标准

在完成某一阶段或某一学段的小学体育教学后,需要对其教学成果进行明确。在开展这项工作时,可以借助于小学体育教学目标这一衡量标准。也就是说,小学体育教学目标是检验小学体育教学成果的一个重要标准。

(二)小学体育教学目标的结构

小学体育教学目标主要是由以下两部分构成的。

1. 小学体育教学目标的外部特征

关于小学体育教学目标的外部特征,可以从以下几个方面进行分析。

(1)小学体育教学目标的层次

在小学体育教学目标的外部特征构成中,层次是一个重要的组成部分。也就是说,小学体育教学目标是分层次的,而且不同层次的小学体育教学目标在内容、功能等方面是有所不同的。因此,在设计小学体育教学目标时,必须充分认识到各个层次目标之间的关系。

(2)小学体育教学目标的功能与特性

在设计小学体育教学目标时,首先要对其功能与特性有清晰的认知。功能与特性不同,最终所呈现的小学体育教学目标也应有一定的差异。只有做到了这一点,才能保证小学体育教学目标的科学性与合理性,也才能保证小学体育教学目标的独特性,确保小学体育教学目标能够充分发挥自己的积极作用。

(3)小学体育教学目标的着眼点

小学体育教学目标的着眼点,也就是小学体育教学需要解决的问题。在设计小学体育教学目标时,必须要对小学体育教学的现状进行分析,明确小学体育教学中急需解决的问题。以此为依据制订小学体育教学目标,才能保证其具有针对性和可操作性。

2. 小学体育教学目标的内部要素

在小学体育教学目标的结构中,除了外部特征,内部要素也是不可忽略的一个方面。关于小学体育教学目标的内部要素,依据美国著名体育教学论专家西登拓扑的观点,可以从以下几个方面进行分析。

（1）条件

条件是小学体育教学目标难度的重要决定因素,即可以通过改变目标中的条件来调整小学体育教学目标的难度。比如,"自己抛球后将球垫起"和"接垫同伴隔网抛来的球"这两个目标的实现难度是不同的。

（2）标准

标准是小学体育教学目标难度以及实现情况的重要衡量标准,即可以借助于一定的标准对小学体育教学目标难度及其实现情况进行明确。比如,在篮球运动中,"原地射门10次应命中5次"与"原地射门10次应命中9次"都界定了射门的标准,但二者的难度是不同的。

（3）课题

在对目标的难度进行改变时,课题也是一个十分有效的因素。一般来说,课题是通过改变动作形式(运动课题)来使目标的难度发生改变的。比如,体操中的平衡运动的课题。课题A:手放在什么位置都可以,作10秒钟的单脚站立。课题B:双手在体前相握,抱膝盖,作10秒钟的单脚站立。很明显,这两个课题下的目标在难度上是不同的。

（三）小学体育教学目标的分类

以体育课程的特点为依据,可以将小学体育教学目标细分为以下几类。

1. 体育认知领域的体育教学目标

认知领域的教学目标以学习知识和开发智力为主要任务。布鲁姆等人编写的《教育目标分类学》第一分册:《认知领域》把认知领域的目标分为六个亚领域,即知道、领会、应用、分析、综合和评价。小学体育认知领域的教学目标主要体现在学生对运动和健康相关知识的掌握与运用上。

（1）知道

在认知领域中,知道可以说是最低水平的目标,主要指的是对已学过知识的回忆。知识是这个领域中最低水平的认知学习结果,它所要求的心理过程主要是记忆。如能描述所学运动项目的名称或动作术语;能说出小篮球拍球时手的触球位置;知道安全过马路的过程;等等。知

第六章 小学体育教学目标的设计

道层次学习结果的表现是学习者记住了以前学过的内容。

（2）领会

所谓领会，就是对知识的意义进行把握的能力。领会是一种最为简单的理解，而且个体对知识的理解可以通过三种方式表现出来。第一种是解释，即在面对某一信息时，可以用自己的话对其进行说明；第二种是转换，即在面对所学的知识时，能够用自己的话将其表达出来，或是用不同于原始表述的方式将其表达出来；第三种是推断，这是对发展趋势进行的预测，如能结合图片说明用手拍球的动作要领，举例说明人体与体育器械之间的位置关系。

（3）应用

把所学知识应用于新情境的能力，便是应用。它与"领会"相比，最明显的一个区别便是是否涉及这一知识以外的东西。"领会"仅限于对自身条件和结论的理解，而"应用"需要构成问题情境，因而背景材料是必须要有的。比如，在学习正确的原地或行进间高手投篮这一知识时，领会阶段是能用自己的语言说明正确的原地或行进间高手投篮的动作要领，而应用阶段则需要将所学的高手投篮运用到篮球教学比赛中。此外，在对所学知识进行应用时，可以从概念、方法、理论等方面着手。

（4）分析

分析指的是将复杂的知识整体进行分解，并对分解后各部分之间的联系进行理解的能力。比如，跳远技术分为助跑、起跳、腾空和落地四个环节，哪个环节是关键环节？各环节之间的关系是什么？"分析"所需要的智力水平，要高于"应用"所需要的智力水平。这是因为，在对知识进行分析时，既要对知识的内容进行理解，又要对知识的结构进行理解。

（5）综合

所谓综合，就是将所学的各部分知识进行重新组合，使其成为一个知识整体的能力。很明显，综合是与分析相反的一种行为。综合强调的是发挥自己的创造能力，按照自己的想法对学过的知识进行整理，从而形成新的知识结构。比如，各种篮球技术的综合运用，形成新的战术方案。

（6）评价

评价就是对有助于特定目标实现的学习内容、教材和方法的价值进行判断的能力。运动项目不同,其所产生的作用也会有所差异,因而对其评价也应有所区别。

需要注意的是,体育认知领域的教学目标在有需要的情况下,可以进一步予以划分,形成更为具体的目标群。一旦确定了这些具体的目标群,教学行为目标的设计与测量便有了基础支持。同时,体育认知领域六个层次的教学目标,除知道外,都属于智力技能,而且后五个层次的智力技能经常重叠在一起,没有明确的界限。此外,进行目标设计不应停留在"知道"的水平上,应重视培养学生的智力技能。不同的学习内容对认知目标的要求也不同,要切实依据实际情况来确定具体的认知领域教学目标。

2. 运动技能领域的教学目标

运动技能领域主要涉及骨骼和肌肉的使用、发展和协调,是体育中常用的目标领域。当前,这类目标在教育界还没有一个被广泛承认和接受的分类标准。这里主要介绍辛普森在1971年提出的分类说。小学体育运动技能领域的教学目标主要体现在学生对各种基本活动动作、不同运动项目的基本活动方法的掌握和运用上,进而促进学生基本运动能力的发展。依据辛普森的观点,小学体育运动技能领域的教学目标主要有以下几类。

(1)知觉

知觉指的是通过感官获取信息,并以所获取的信息为依据来指导动作的行为。在对于某种运动技能相关的知识、性质、功能等进行了解时,就必须要借助于知觉。比如,通过观看图片或视频,学习者对某一运动项目(如足球运动)有初步认识。

(2)准备

准备指的是在对某种运动技能进行学习时,在精神、身体和情绪等方面所做的准备。比如,在开始某一动作的练习时,要首先对该动作的要领、难点等进行了解。

(3)反应

所谓反应,就是根据教师的指导做出相关动作的行为。比如,体育教师在做出抱拳动作后,学生能迅速进行模仿,并准确地做出这一行为;学生能在体育教师指导下练习前滚翻动作。该阶段主要是让学生在体育教师的引导下进行试误练习,强化其对正确动作的认知与掌握。

(4)自动化

当学生的练习达到一定程度,对相关动作有了准确掌握并能够将其转化为熟练的技能后,就进入了自动化阶段。比如,能准确、迅速地进行原地胯下运球,能准确地进行羽毛球击打后场高远球等。

(5)复杂的外显反应

复杂的外显反应指的是在对一套运动技能进行表现时,不仅时间和精力花费的最少,而且在整个运动技能表现过程中一气呵成。比如,能熟练完成一段武术组合等。

(6)适应

适应指的是能够根据具体的环境条件和要求,对已掌握的运动技能进行灵活运用的能力。比如,能在足球游戏中准确带球过人;能在投掷游戏中准确击中移动中的目标物;等等。

(7)创新

所谓创新,就是在对某种技能进行学习的过程中,对新的运动技能进行创造的能力。例如,在学习滚翻时,能做出不同形式的滚翻动作;能根据已学健美操的基本动作创编一段动作组合;等等。

3. 体育情感领域的教学目标

个体对外界刺激做出的心理反应,便是情感,如喜欢、厌恶等。同时,个体的行为也会深受其情感的影响。情感领域的目标不易确定,克拉斯伍把它分为五个阶段。此外,情感包括道德感和价值感,小学体育情感领域的教学目标主要体现在学生的情绪调控、锻炼意愿、体育品格、体育精神、体育道德等方面。

(1)接受

情感的起点是接受,指的是个体愿意注意某一特定事件或活动。例如,认真听课;参与体育与健康课;意识到体育运动的重要性;等等。

(2)反应

相比接受这一情感来说,反应的情感要更进一层。反应指的是同意某件事情并愿意以某种方式加入这个事情,以示做出反应。例如,完成体育教师布置的练习任务;参加体育课上的小组讨论;遵守上课纪律;

参加学校运动会；等等。

（3）评价

评价是指看到某种现象、行为或事物的价值之处，从而表示接受、追求这样的事情，并表现出一定的坚定性，反映了一种内部价值观。例如，积极参加体育运动；一定要争取好的运动成绩；等等。

（4）组织

组织指的是在遇到各种价值观念时，将价值观组织成一个系统，接受自己认为重要的价值观，形成个人的价值观念体系。例如，先去踢足球锻炼身体，然后再打游戏以愉悦心情等。

（5）个性化

个性化是情感教育的最高境界，是指内化了的价值体系变成了学习者的性格特征，即学习者形成了自己的人生观、世界观。例如，保持良好的体育锻炼习惯，在团体中表现出合作精神等。

4. 体能领域的教学目标

与认知、运动技能和情感领域目标不同的是，体能方面的目标不便用几个逐渐递进的层次或阶段来进行分类。因此，这里主要根据体能的具体内容分类来阐述小学体育教学中体能领域目标的相关问题。

小学体育教学最重要的一个目的，便是促进学生体质的增强，因而在发展学生的体能时，要侧重于有助于学生健康水平提升的体能。当然，与运动技能相关的体能发展也必须予以高度重视，因为与健康有关的体能和与运动技能有关的体能之间有很多重合的地方，但体能的发展应遵循人体机能活动能力变化规律及体育锻炼的一般规律。小学阶段应着重发展学生的柔韧性、力量、灵敏性、速度等体能。其中，柔韧性指的是个体完成动作时关节、肌肉、肌腱和韧带的伸展能力，会受到骨关节结构、肌肉、肌腱和韧带、神经过程转换的灵活性、年龄与性别、疲劳程度、气温、心理素质、平时运动情况等多方面因素的影响。力量指的是人的机体或机体的某一部分肌肉工作时克服内外阻力的能力。人的年龄会对肌肉发展产生直接的影响。年龄大的人相比年龄小的人来说，肌肉的弹性、肌肉的力量、肌肉的耐力、肌肉的控制力等都会差一些，而且年龄越大这一现象就越明显。因此，人在年老之后，很容易感觉体力不支。就算是接受过系统体能训练的运动员，若60岁后放弃体能锻炼，其肌肉力量也会明显下降。因此，从小学阶段就必须重视力量训练。灵敏性指的是人体在各种突然变化的条件下，能够迅速、准确、协调、灵活地完成动作的能力。速度指的是人体进行快速运动的能力，其与人体的反应速度、动作速度、动作速率等有着密切的关系。

体能的增强是一个循序渐进的过程，需要比较长的周期。学生在一节体育课上的体能水平提升不会很明显，因此在进行体育课时教学目标设计时，体能方面的目标很容易被体育教师所忽视。《体育课程标准》规定，学年和学期的体能教学目标要将各水平的体能目标进行分解。宏观层面和中观层面的体能教学目标的表述没有太大差异，都比较笼统，如初步发展柔韧性、灵敏性和平衡能力；提高灵敏性、力量、速度和心肺耐力；等等。但微观层面的体能教学目标的表述应明确、具体。单元和课时的体能教学目标可以结合具体的运动技能和体能教学内容来制订，以增强体能教学目标的针对性和可操作性。

体育教师可以利用身体练习要素（次数、距离、时间、高度、远度）来设计体能教学目标。例如，连续完成6次高抬腿练习，或在30秒内完成80个高抬腿动作等。小学体育课堂教学经常使用的体能教学目标主要包括心肺耐力、柔韧性、力量、灵敏性、速度和平衡能力等。

第二节　小学体育各个层次的教学目标

一、超学段体育教学目标

超学段的体育教学目标通常被视为学科目标或体育教学总目标，它是超越各个学段学生年龄特征的、概括体育教学最本质功能的最上位教学目标。

（一）超学段体育教学目标的外部特征

超学段体育教学目标具有以下几个鲜明的外部特征。
第一，功能与特点：是与其他学科相对比的体育学科的定位目标。
第二，目标着眼点：学科的特性与功能。

第三,搭载的文件:国家教学文件,如教育部制订的《九年义务教育教学计划》、体育教学理论书籍。

(二)制订超学段体育教学目标的步骤

在制订超学段体育教学目标时,通常要遵循以下两个步骤。

第一,先列出体育教学目标的各个方面,如列出技能、知识、行为、锻炼、态度等。

第二,集中制订出各个方面的总目标,如运动技能习得的总目标有"初步掌握基本运动技能""说出所练习运动项目的术语""学习简单的体育保健常识"三项基本内容。

(三)制订超学段体育教学目标的注意事项

在制订超学段体育教学目标时,以下几个方面应特别予以注意。

第一,要有整体的观点。在制订超学段体育教学目标时,要注意使体育能与其他学科一起贯彻"健康第一"的指导思想,为实施素质教育服务。目标制订要全面,在体例上也应与其他学科的目标表述相统一。

第二,要有学科的观点。在制订超学段体育教学目标时,要体现出体育学科的目标特点和独特作用,注意完成体育学科的职责,着重写明目标特色,不要制订体育学科不应该完成或无法完成的目标。

第三,要有系统的观点。由于是跨学段的目标,因此,制订超学段体育教学目标时,要确保不同学段目标之间的联系性、衔接性和系统性,要使各学段的目标都有所体现。

二、学段体育教学目标

在过去,学段的体育教学目标是以"小学体育教学的目的"的表述形式出现的。在现在的《体育课程标准》中,学段的体育教学目标则是以各个"水平和学习目标"(如"水平——学习目标")的表述形式出现的。

(一)学段体育教学目标的外部特征

学段体育教学目标具有以下几个鲜明的外部特征。

第一,功能与特点:大、中、小学之间相对比、相衔接的体育教学策

第六章　小学体育教学目标的设计

略性目标。

第二,目标着眼点:各个学段学生的生长发育特点。

第三,搭载的文件:国家颁布的各学段的体育教学文件,如《小学体育课程标准》、学校的体育教学计划等。

(二)制订学段体育教学目标的步骤

在制订学段体育教学目标时,通常要遵循以下两个步骤。

第一,认真学习超学段目标中的各个方面,如技能、知识、行为、锻炼、态度等。例如,认真领会运动技能习得的总目标:"初步掌握基本运动技能""说出所练习运动项目的术语""学习简单的体育保健常识"三项基本内容的含义。

第二,根据本学段学生的年龄特征,制订出各方面的学段目标,如制订技能的学段目标为"会做简单的组合动作""能说出所做简单运动动作的术语""学习避免危险的方法"。

(三)制订学段体育教学目标的注意事项

在制订学段体育教学目标时,以下几个方面应特别予以注意。

第一,要保证学段体育教学目标的系统性。为此,在对某一学段的体育教学目标进行制订时,既要考虑到上一学段的体育教学目标,也要考虑到下一学段的体育教学目标,确保三者之间在内容上具有内在联系,在体例、表述形式等方面具有一致性。

第二,要充分体现学段的特点。学段不同,教学对象自然不同,教学对象的身心发展特点和体育需求也有所差异。面对这一现实,每一学段体育教学目标的制订都需要充分考虑到该学段学生的身心发展特点和体育需求,以确保所制订的学段体育教学目标具有实现的可能性。

第三,要保证学段体育教学目标的可行性。在制订学段体育教学目标时,除了要考虑不同学段学生的身心发展特点和体育需求,还需要考虑学校的实际教学条件以及不同学段体育教师的专业化发展水平,否则所制订的学段体育教学目标会脱离现实环境,无法在教学中得以实现。

三、学年体育教学目标

学年的体育教学目标是各个学校制订的年度体育教学计划中的目标。

（一）学年体育教学目标的外部特征

学年体育教学目标具有以下几个鲜明的外部特征。

第一，功能与特点：根据学生身心特点和需要，制订的年度发展性目标。

第二，目标着眼点：各年龄的身心特点和学校的年度教育计划。

第三，搭载的文件：学校和体育教研组的"教学计划"。

（二）制订学年体育教学目标的步骤

在制订学年体育教学目标时，通常要遵循以下两个步骤。

第一，认真研究学段体育教学目标中技能、知识、行为、锻炼、态度等目标内容。例如，领会运动技能习得的学段目标："会做简单的组合动作""能说出所做简单运动动作的术语""学习避免危险的方法"。

第二，根据本学年学生的年龄特征和上个学年的体育学习情况，制订出各个方面的学年目标。例如，在运动技能目标方面制订："做出多项球类运动的简单组合动作""说出所做身体各部位简单动作的术语""知道游泳、滑冰等存在的潜在危险因素及避免危险的方法"。

（三）制订学年体育教学目标的注意事项

在制订学年体育教学目标时，以下几个方面应特别予以注意。

第一，要有系统的观点。学年的体育教学目标必须服从学段体育教学目标的整体要求，本学年的目标与上、下学年的目标要有机衔接，目标的表述在体例上也应与上、下学年相一致。

第二，要有阶段的特点。有些学生有很特殊的身心发展课题，如青春发育期的某些年龄段，因此学年体育教学目标要符合学段体育教学目标的整体性和系统性，同时具有鲜明的年级特征。

第三，要与学校年度的各项工作相结合。由于各学校的工作计划都

第六章 小学体育教学目标的设计

是以年度为主安排的,每个学年学校都会有一些与体育教学有关的工作安排,如夏令营和各种全校体育活动等,体育教学目标也会在一定程度上受到学校年度工作安排的影响,因此要加以统筹考虑。

第四,要有责任的观点。学年体育教学目标必须有利于完成年度的教学任务,如果各学年的教学目标不能实现,那么学段的体育教学目标就会落空。

四、学期体育教学目标

学期的体育教学目标是根据年度的教学目标分割而成的学期体育教学计划中的目标。

(一)学期体育教学目标的外部特征

学期体育教学目标具有以下几个鲜明的外部特征。

第一,功能与特点:反映气候与学期日程安排的,由学年的体育教学目标分割而成的教学目标。

第二,目标着眼点:学期所在季节对教学的影响和学期的教学安排。

第三,搭载的文件:学校和体育教研组的"某年度第一(二)学期教学计划"。

(二)制订学期体育教学目标的步骤

在制订学期体育教学目标时,通常要遵循以下两个步骤。

第一,认真研究学年体育教学目标中的各个方面。例如,领会运动技能习得的学段目标为:"做出多项球类运动的简单组合动作""说出所做身体各部位简单动作的术语""知道游泳、滑冰等存在的潜在危险因素及避免危险的方法"。

第二,根据本学期的气候、场地情况和上学期的学生的学习情况,制订出各个方面的学期目标。例如,在运动技能方面制订:"做出篮球运动的简单组合动作""说出所做上肢部位简单动作的术语""知道运动存在的潜在危险因素及避免危险的方法"三项学期的教学目标。

(三)制订学期体育教学目标的注意事项

在制订学期体育教学目标时,以下几个方面应特别予以注意。

第一,要有季节的观点。学期目标主要要考虑季节的因素,它是将一个学年的目标一分为二,但内容却不是简单地一分为二,分解时必须充分考虑到季节特征对体育教学的影响。

第二,与学校的学期工作安排相结合。学校年度工作计划在两个学期中也是各有重点的,上、下学期都会有一些与体育教学有关的特殊安排,如运动会等,会在一定程度上影响学期体育教学目标的制订,因此要统筹考虑。

第三,要有责任的观点。如果各学期的体育教学目标不能实现,那么学年的体育教学目标就会落空,因此学期的目标必须体现本学期应该完成的任务。

五、单元体育教学目标

单元体育教学目标是以某一个学习内容为中心制订的教学目标。

(一)单元体育教学目标的外部特征

单元体育教学目标具有以下几个鲜明的外部特征。

第一,功能与特点:依托各个运动项目学习和依据各运动项目特征制订出的实质性的教学目标。

第二,目标着眼点:运动项目的特性及其学理。

第三,搭载的文件:各个教师的"单元教学计划"。

(二)制订单元体育教学目标的步骤

这里以"学好篮球运动的简单组合动作"这一单元体育教学目标为例,对单元体育教学目标的制订步骤进行详细分析。

第一,认真研究有助于"学好篮球运动的简单组合动作"和相关的技能和体能评价标准,制订出更为细致的教学目标。

第二,认真研究"学好篮球运动的简单组合动作"过程所具有的一切教育因素,制订出适合的道德教育和行为教育的目标。

第三，认真研究"学好篮球运动的简单组合动作"过程所具有的体能锻炼因素，制订出适合的体能锻炼目标。

第四，认真研究"学好篮球运动的简单组合动作"过程所具有的认知因素和重要知识点，制订出适合的知识和认知目标。

（三）制订单元体育教学目标的注意事项

在对单元体育教学目标进行制订时，以下几个方面应特别予以注意。

第一，要有"教程"的观点。单元教学目标本质上是一个"教学程序"的目标，是运动技能学习的基本单位。单元教学目标和教学过程都是由运动技能的"学理"所决定的，所以单元体育教学目标要反映教学程序的科学性及学理。

第二，要有"模式"的观点。同样的教学内容可以有不同的教学目标，不同的教学目标可以形成不同的教学单元，不同的教学单元形式实际上就是不同的教学模式。因此，单元体育教学目标要有利于根据学生不同的发展需要，形成各种有特色的体育教学模式。

第三，要有全面的观点。由于单元是围绕运动教材设计的，是以运动技能的教学为主线的，但是体育教学还具有其他的教育效益，因此单元的体育教学目标有利于把各方面的教学目标依托在运动学习上。而且单元教学目标要全面。

六、课时体育教学目标

所谓课时体育教学目标，就是在一堂体育课中需要完成的目标。

（一）课时体育教学目标的外部特征

课时体育教学目标具有以下几个鲜明的外部特征。

第一，功能与特点：根据单元计划的逻辑（学理）程序分解和排列的目标。

第二，目标着眼点：教学时空的情景和40分钟的条件。

第三，搭载的文件：体育教师的"教案"。

(二)制订课时体育教学目标的步骤

这里以"学好投篮的简单组合动作"这一单元体育教学目标为例,对课时体育教学目标的制订步骤进行详细分析。

第一,认真研究"学好投篮的简单组合动作"能代表的技术细节及其评价标准,制订出更为细致的目标。

第二,认真研究"学好投篮的简单组合动作"教学过程中所具有的某些教育因素,制订出适量的符合该课时教学的道德教育或行为教育目标。

第三,认真研究"学好投篮的简单组合动作"教学过程中所具有的某些锻炼因素,制订出适量的符合该课时教学的体能锻炼目标。

第四,认真研究"学好投篮的简单组合动作"教学过程中所具有的某些认知因素,制订出适量的符合该课时教学的知识学习和认知目标。

(三)制订课时体育教学目标的注意事项

在制订课时体育教学目标时,以下几个方面应特别予以注意。

第一,要确保课时体育教学目标能够在一堂体育课完成后实现。一堂体育课的时间是固定的,必须根据课堂时间来确定可以在一堂课中完成的体育教学目标。此外,课时体育教学目标一旦确定,进行调整的余地很小。

第二,要根据实际教学条件确定体育教学目标。学校的体育教学条件会对课时教学目标的实现情况产生直接的影响。为此,在制订课时体育教学目标时,必须对学校的体育教学条件进行全面考察。

第三,要保证课时体育教学目标的全面性。在开展体育课堂教学时,除了要重视让学生掌握一定的体育知识和体育技能,还需要培养学生的自主学习能力、与人交往能力等。

第四,要保证课时体育教学目标的具体性和清晰性。具体、清晰的课时体育教学目标才有实施的可行性和实现的可能性,而且具体、清晰的课时体育教学目标能够保证课时体育教学顺利实施并取得理想的效果。

第五,要抓住以身体练习为主要手段,以体育知识、技能和方法为主要学习内容的体育学科特征,结合单元教学目标、该项教学内容所具有的教育价值、学生的实际水平以及教学环境等因素实事求是地制订课时体育教学目标。此外，教师制订课时体育教学目标，其对象和进行教育的最终结果还是看学生通过学习达成教学目标的情况。

第三节　小学体育教学目标的编写与表述

一、小学体育教学目标的编写

（一）小学体育教学目标编写的依据

小学体育教学目标的编写情况，会影响到小学体育教学目标能否在教学过程中得到有效实现。因此，科学地编写小学体育教学目标是极为必要的。在编写小学体育教学目标时，应切实依据以下几个方面。

1. 党的教育方针的要求

党的教育方针是小学体育教学的重要指导思想，因而在对小学体育教学目标进行编写时，也要切实考虑到这一方面。当前，我国教育部门要求基础教育的开展必须要贯彻素质教育的要求。基于此，在编写小学体育教学目标时，要注意将素质教育的相关内容纳入其中。

2. 现代社会发展的需要

社会是不断向前发展的、社会生产方式是不断进步的，在此影响下，人们的生活方式也会有所改变。就目前而言，人们的生活节奏呈现出日益加快的趋势，脑力活动也越来越多，这使得人们的心理压力不断增大，健康状况也因此受到了不良影响。基于这一现实，自21世纪以来，人类的健康问题被越来越多的国家所重视，并积极采取有效的措施来提升人们的健康水平。由于学校在青少年的身心健康教育与培养方面起着重要的作用，因而体育成为学校教育的一项重要内容，学校也承担起为社会培养身心健康的合格人才的重任。从这一角度来看，在对小学体育教学目标进行编写时，社会发展现实、社会发展需求等也是必须要考虑的一个方面。

首先,社会的发展状况决定了其所需人才的质量规格,而这也是学校培养人才的重要依据。也就是说,在编写小学体育教学目标时,必须要了解并掌握社会所需人才的质量规格要求。

其次,社会在发展的过程中会形成一定的文化,而且社会文化是需要进行传承的。文化传承是一个动态的过程,需要有选择地吸收传统文化的精华,转化为能与时代接轨的有用之物。只有这样,传统文化才能不断地传承下去。经过几千年的发展,体育也形成了自己独特的文化。因此,在开展小学体育教育时,除了要重视学生体质的增强、身心健康状况的提升外,还需要教给学生一定的体育文化知识,有效地传承体育文化。因此,在对小学体育教学目标进行编写时,还要重视传承社会文化。

3. 小学生的身心发展特点

教育可以在一定程度上改变人的行为方式,从这一角度对小学体育进行理解,就是要通过开展多样化的体育教学活动来使小学生的行为符合社会道德与社会需求。因此,在选择小学体育教学的内容、方法、模式等时,必须要考虑到小学生的身心发展特点,否则小学体育教学是无法获得理想的效果的。这就决定了在对小学体育教学目标进行编写时,要切实考虑到小学生的身心发展特点。

4. 学校的发展状况

小学体育的开展会直接受到学校客观条件的制约,因此学校的客观条件也是在编写小学体育教学目标时必须要考虑的一个方面。比如,各类小学所属的区域不同,所具有的体育场馆、设施设备不同,所拥有的体育师资队伍的专业化发展水平不同,自然所编写的小学体育教学目标也要有所区别。

5. 体育的多样化功能

体育具有健身、教育、审美等多样化的功能,而传统的体育教学只偏重于实现健身目标,不利于发展体育课程的多样化功能。因此,在编写小学体育教学目标时,必须要考虑到体育所具有的多样化功能,以促进学生的全面发展。

第六章　小学体育教学目标的设计

（二）小学体育课时教学目标编写中存在的问题

在编写小学体育课时教学目标时，经常会出现以下几个问题。

1. 教学目标分类混乱

当前，我国对基础教育领域的改革不断深入，并提出了"目标引领内容"的理念，设置了"课程目标—学习方面目标—水平目标"的三级目标体系，这为体育教师设计体育教学目标提供了指导和思路。但是，仍有不少体育教师仍然直接按照课程标准中的四大学习方面进行课时教学目标的设计，如采用"运动参与目标……运动技能目标……身体健康目标……心理健康与社会适应目标"的表述形式。此外，也有不少体育教师仍然按照布鲁姆目标分类学中的"认知、技能和情感"三个方面来编写体育教学目标，但这种教学目标编写方式是体育教学中锻炼身体、增强体能的目标，不够全面和完善，无法有效提升小学体育教学质量和促进学生全面发展。

2. 教学目标行为主体错位

传统的教学目标是以教师为中心进行表述的，如"通过……样的练习，提高学生的能力""通过对……学习，使学生掌握运动技能"等。小学体育教学的主体是学生，因而在进行教学目标表述时必须要站在学生的角度，即学生在参与体育教学活动的过程中会获得什么，达到什么样的结果。在当前，仍有一些体育教师在编写小学体育教学目标时，对行为主体的表述存在错误。

3. 达成目标的载体不明确

在编写小学体育课时教学目标时，达成目标的载体不明确也是一个经常会出现的问题，即教学目标所描述的达成目标载体过于概括和抽象，没有具体的、可直接检测的内容。比如，"发展上肢力量和灵活性"只提出要发展什么，没有提出用什么教学内容去发展，怎样去发展。因此，这样的小学体育教学目标是无法指导小学体育教学活动顺利开展并取得理想成果的。

4. 教学目标与学科目标混淆

在编写小学体育课时教学目标时,体育教师也经常会出现将教学目标与学科目标混淆的情况。比如,将"使学生体验运动的乐趣和成功"定为课程目标,而将"初步发展柔韧性和灵敏性"定为课程的水平目标。学校教育目的、体育课程目标、四个学习方面的目标、水平目标(内容标准)逐级具体化,这些目标是课时教学目标的上位目标,是设计课时教学目标的重要依据。课时目标一定要明确、具体、可操作,并与较为宏观的课程目标、学年和学期教学目标区分开来。由此可见,将"培养不甘落后、敢于展示、积极合作的良好品质""学习合作互助、团结协作和克服困难的精神"作为课时目标明显是不合适的。课时教学目标一定要结合具体的学练活动来撰写。

二、小学体育教学目标的表述

在对小学体育教学目标进行表述时,常用的方法有以下几种。

(一)行为主义目标表述法

在对小学体育教学目标进行表述时,行为主义目标表述法是十分常用的一种。在运用这一种目标表述法时,可以使目标更为具体、明确。此外,运用这一方法所表述的目标,是可以进行衡量与评价的。行为主体、行为活动、行为条件和表现程度是运用这一目标表述法时必须要有的内容。

1. 行为主体

针对小学体育教学目标的表述而言,行为主体自然是小学生。也就是说,在描述小学体育教学目标时,要着重对小学生的行为进行描述,并要表明对小学生行为的预期。

当然,现在很多小学体育教学目标在进行表述时会省略行为主体,但仍会将学生是行为完成主体这一事实明确地体现出来。比如,(学生)能准确地完成原地投篮动作。

第六章　小学体育教学目标的设计

2. 行为活动

行为活动指的是学生在学习后应获得的具体行为,包括应形成的体育态度、应获得的知识与技能、应发展的行为等。在对行为活动进行表述时,所使用的术语行为动词应该是有明确意义的,而且要能够较为容易地进行观察与测量,如陈述、比较、示范等。总之,在对小学体育教学目标进行表述时,要注意行为动作的合理使用,如"做出行进间运球的动作"。

3. 行为条件

在用行为主义目标表述法来表述小学体育教学目标时,行为条件也是必须要具备的一项内容。行为条件就是能够对学生的学习结果产生影响的具体限制或范围,表明了学生要完成指定操作需要具备的环境或条件。在进行小学体育教学目标表述时,对行为条件的表述可以采用以下几种方式。

第一,通过提供信息或提示对行为条件进行表述,如"利用杆子与身体编制绕杆射门游戏"。

第二,通过限制时间对行为条件进行表述,如"在一节课中学会两种投篮方式"。

第三,通过明确行为完成情境对行为条件进行表述,如"能在课堂交流中对自己在活动中取得的进步进行准确表述"。

4. 表现程度

在用行为主义目标表述法对小学体育教学目标进行表述时,也要重视对表现程度的表述。表现程度表明了学生在学习过程中的表现或是学生在学习结束后应获得的结果。要尽可能用量化的指标或标准来表述表现程度,如"同一动作练习三次"。

(二)表现性目标表述法

表现性目标表述法的提出者是美国课程理论专家艾思纳,其也适用于表述情感领域的目标。这一目标表述方法为在经过一定时间的体育活动后对学生的认识和情感变化的表述和评价提供了依据。比如,在认知方面的高级认知策略和反省认知能力的提高,在情感方面的态度、品德的培养等,这种目标表述可帮助体育教师描述学生内在心理过程的变化。

在运用表现性目标表述法对小学体育教学目标进行表述时,要求明确规定学生应参加的活动,但对于每个学生应从这些活动中习得什么则不必予以准确规定。比如,体育道德教育方面的一个表现性目标可以这样陈述:"学生能认真参与游戏比赛,并能对比赛中不文明和违反规则的行为进行讨论。"心理学家认为,这种目标只能作为小学体育教学目标具体化的一种可能的补充,因此体育教师在运用这种目标表述法时要特别慎重,以防回到传统的老路上去。

(三)内外结合目标表述法

内外结合目标表述法的提出者是格朗伦,其认为在对目标进行表述时,应将内部的心理过程与外显的行为有机融合在一起。这一目标表述法更适于表述情感领域的目标,注重将内在的心理过程展现出来。不过,这一目标表述法过分注意行为的变化,对内在能力和情感的变化则未予以足够重视。

在运用内外结合目标表述法对小学体育教学目标进行表述时,可按照以下两个步骤进行。

第一,用描述内部心理过程的术语对小学体育教学目标进行陈述,如记忆、知觉、理解、运用、分析等。

第二,对小学体育教学目标进行具体化,要借助于用可观察的行为将内部心理过程和外显行为有机融合在一起。

用内外结合目标表述法来表述小学体育教学目标,既可以避免用内部心理过程描述教学目标的抽象性,也可以防止行为目标的机械性和局限性。例如,"在体育活动中表现出克服困难的意志品质",这是内在心理的变化,不能直接观察和测量,只能列举一些反映内在心理变化行为的例子。体育教师通过观察这些具体行为,可以对学生是否表现出克服困难的意志品质进行判断。

第七章 小学体育教学内容的设计

小学体育教学的实施，必须借助于体育教学内容这一重要的载体。因此，在开展小学体育教学时，必须重视对体育教学内容的梳理与编排。由于小学体育教学内容并不是一成不变的，会随着社会和体育事业的不断发展而发展，因而在开展小学体育教学设计时要重视体育教学内容的动态性，不断融入新的内容、淘汰不合时宜的旧内容。本章将对小学体育教学设计的相关内容进行详细阐述。

第七章 小学体育教学内容的设计

第一节 小学体育教学内容的选择

一、小学体育教学内容的含义

在开展小学体育教学时,必须要重视教学内容的选择与加工。所谓小学体育教学内容,就是体育教师以小学体育教学目标为依据,结合小学生的身心发展特点与运动技能水平、自身的教学能力以及学校的教学实际所确定的需要教授给小学生的体育知识与体育技能等。

为了更好地对小学体育教学内容的含义进行理解,可以将其与竞技体育的内容进行对比。小学体育教学内容与竞技体育的内容有较大差异。以田径运动为例,竞技体育中的田径运动是为了在田径比赛中获得胜利,因而在对其内容进行组织与加工时,必须考虑到竞技体育的需要性,并要考虑到田径比赛的规则,不必赋予其过多的教育目的;体育教学中的田径运动是为了实现一定的体育教学目标,在具体的开展过程中需要考虑到学校、学生和体育教师的实际情况,还需要对田径运动教学的计划与课时进行合理安排。此外,要充分挖掘田径运动中蕴含的教育因素,并要注意对田径运动的规则、技术要求等进行改造,以确保其能更好地实现体育教学的目的。通过上面的阐述可以知道,竞技场中的田径运动不能直接作为体育教学的内容。

二、小学体育教学内容选择的依据

小学体育教学能否取得理想的效果,与所选择的教学内容是否恰当有着直接的关系。为此,必须重视小学体育教学内容的选择。在具体开展这项工作时,要切实依据以下几个方面。

(一)依据"健康第一"的思想来选择小学体育教学内容

对于学校来说,可利用的体育教学内容是极为丰富的,但是学校却不可能将所有的体育教学内容都予以有效利用。此时,学校就面临着如何选择体育教学内容的问题。通常来说,在选择小学体育教学内容时,必须坚持"健康第一"的指导思想,确保所选择的体育教学内容能够切实增强学生的体质、增进学生的健康、提高学生的体育素养。

(二)依据社会的发展需求来选择小学体育教学内容

学生的发展包含两方面的内容,即自我发展和社会性发展。学生的自我发展和学生的社会性发展之间有着密切的关系,即学生的自我发展状况会影响其社会性发展的程度,同时学生社会性发展的程度也会影响其自我发展状况。因此,在选择小学体育教学的内容时既要考虑到学生自我的发展需求,也需要考虑到社会的发展需求。只有切实以社会发展需求为前提来选择恰当的体育教学内容,才能确保体育教学能够取得理想的效果。

(三)依据小学体育课程目标来选择小学体育教学内容

小学体育课程目标提出了小学体育教学的总体要求,也对小学体育教学的内容进行了一定限制。因此,在对小学体育教学内容进行选择时,小学体育课程目标是必须要考虑的一个方面。由于小学体育课程目标具有多元性的特点,因而所选择的小学体育教学内容不能过于单一,而是要丰富多样。

(四)依据小学生身心发展特点和体育需求来选择小学体育教学内容

小学生在年龄、身心发展特点等方面存在的差异,会影响其对教学内容的接受程度。为此,要充分考虑到小学生的身心发展特点,对小学体育教学内容进行选择。

此外,在选择小学体育教学的内容时,也要考虑到小学生的体育需求。只有所选择的小学体育教学内容符合小学生的体育需求,才能使小学生积极主动地参与到体育教学活动中,使小学体育教学获得预想的成效。

(五)依据体育教学素材的特性来选择小学体育教学内容

体育教学素材的特性也会对小学体育教学内容的选择产生重要的

影响,具体表现在以下几个方面。

第一,不同的体育教学素材之间,内在逻辑性并不强。为此,在对小学体育教学内容进行选择时,不必过于在乎体育教学内容之间的内在联系,也不必完全按照由简到繁、由易到难的要求来选择体育教学内容。

第二,体育教学素材有很多,而且对所有的体育教学素材进行分类是十分困难的。此外,体育教师都有自身所长,主要精通一种或几种体育运动项目,不可能精通全部的体育运动项目。因此,体育教师在选择体育教学的内容时,不仅要充分考虑到自身的实际情况,还要注意融合不同体育教师的经验。

第三,同一个体育运动项目,有可能对多个体育教学目的的实现都有积极的作用,而某一体育教学目的的实现,也可以综合运用多个体育运动项目。因此,在对小学体育教学内容进行选择时,不必拘泥于某一个体育项目,但要确保所选择的体育项目具有可行性和可操作性。

第四,体育教学素材不同,其兴趣关注点也会有所不同。这表明,每一项具体的体育运动项目中都蕴含着独特的乐趣。在对小学体育教学内容进行选择时,也要注意凸显运动项目的乐趣。

三、小学体育教学内容选择的原则

所选择的小学体育教学内容是否科学、合理,将对小学体育教学的效果产生重要的影响。因此,小学体育教学内容的选择绝不能盲目,而应遵循以下几个原则。

(一)教育性原则

这一原则要求在选择小学体育教学内容时,必须特别注意以下几个方面。

第一,必须要从教育的角度出发来选择小学体育教学内容,以确保其能够充分发挥教育功能。

第二,必须要重视小学体育教学内容的体育文化含量,确保学生在学习了这些体育教学内容后能够有效提升自己的体育文化修养。

第三,必须要考虑到小学生的身心发展特点及其体育学习规律,确保每一名小学生都能在体育教学中有所收获。

（二）实效性原则

这一原则要求在选择小学体育教学内容时，必须特别注意以下几个方面。

第一，必须要确保所选择的小学体育教学内容有助于学生树立终身体育意识，形成良好的体育锻炼习惯。

第二，必须要确保所选择的小学体育教学内容与学校的体育教学条件相符合。否则，所选择的小学体育教学内容不仅无法得到有效实施，还会导致小学体育教学无法获得理想的效果。

第三，必须要确保所选择的小学体育教学内容与体育教师的教学特点、教学能力等相符合。体育教师是体育教学活动的组织者和实施者，只有切实围绕体育教师的特点来选择小学体育教学内容，才能确保所选择的小学体育内容能够得到有效实施。

（三）趣味性原则

当小学生对某一体育活动感兴趣时，就会自觉参与其中，进而促使体育活动的教学取得良好的成效。这就决定了在选择小学体育教学内容时，要尽可能选择具有趣味性的体育运动项目，以激发小学生的体育参与意识和体育学习兴趣，使小学生在体育教学过程中收获运动的快乐。

第二节　小学体育教学内容的加工

在选择了小学体育教学内容后，还需要对其进行一定的加工，使其在教学活动中发挥出最大的效用。具体来看，小学体育教学内容加工的方法主要有以下几个。

一、小学体育教学内容的简化

小学体育教学有着多样化的内容，而且有不少教学内容是从竞技运

第七章　小学体育教学内容的设计

动项目中而来的。竞技运动项目有着很强的专业性,在很多方面与小学生的身心发展特点是不相适应的,这就决定了体育教师在选择好这一方面的小学体育教学内容后,还需要对其进行一定的加工,即简化竞技运动项目的动作与规则,降低其竞技性和技术性要求。比如,体育教师在开展排球教学时,若是只注重让学生进行排球基本技术和基本技巧的训练,则很容易使学生丧失体育学习的兴趣,学习的效果不佳。因此,要引发学生对排球运动的兴趣,就需要对排球运动的场地进行改变,对排球运动的基本技巧和基本规则进行简化,使其符合小学生的身心发展特点,提高小学生参与体育学习的积极性和主动性。又如,以前打篮球不能走步,现在对于小学生降低要求可以走几步。总之,只有让小学生在"玩中学"才能使他们真正地爱上这些运动。

二、小学体育教学内容的活化

体育源自生活,也应该为生活服务。体育教师通过对日常生活进行细致观察,可以挖掘出很多适合小学生的体育教学素材。通过对这些体育教学素材进行整理,可以使小学体育教学的内容得到有效丰富,还可以使小学体育教学内容的趣味性大大提高。比如,很多小学生喜欢在课间和课外活动中跳皮筋、踢毽子等,体育教师对这些跳跃运动素材进行整理与加工,就可以形成新的跳跃教材。

三、小学体育教学内容的游戏化

小学生的身心发展特点决定了其对于游戏有着很强的兴趣,而大多数运动项目和活动可以进行一定的游戏化处理,以更容易地被小学生所接受。此外,一个游戏并不是固定不变的,而是会衍生出很多的"子游戏"。在小学体育教学中运用不同的"子游戏",所取得的教学效果自然也会有所差异。以"快快跳起"这一简单的游戏来说,其很容易被小学生所掌握。同时,对这一游戏的参与人数、所使用器材的长度以及跳跃的方式等进行更改,可以使小学生在参与这一游戏时获得不同的感受,继而增强小学生参与这一运动的兴趣。

除此之外,体育教师还应重视体育游戏创编。体育教师可以充分发挥自己的创新思维和创新能力,积极创编新的体育游戏,以吸引更多的学生积极主动地参与到体育教学中。

第三节　小学体育课程资源的开发与利用

小学体育课程是小学体育教学的一个重要依据和载体,积极开发与利用小学体育课程资源,可以使小学体育教学取得理想的效果。

一、小学体育课程资源的基本认知

(一)小学体育课程资源的含义

所谓小学体育课程资源,简单来说就是能够满足小学体育课程活动的需要、有助于小学体育课程目标实现的一切素材和条件的综合。这里所说的素材和条件,既包括校内方面的(学校的体育场),也包括校外方面的(社会小学体育馆);既包括物力方面的(如篮球、足球等体育器材),也包括人力方面的(体育教师);既包括传统的体育资料(如体育教材),也包括网络中的体育资料以及最新的体育发展与科研成果等。

(二)小学体育课程资源的特点

1. 小学体育课程资源的一般特点

(1)多样性

小学体育课程资源的多样性特点,主要是通过以下两个方面体现出来的。

第一,小学体育课程资源的来源有多个。不论是自然界中还是社会生活中,不论是学校内还是学校外,都蕴含着丰富的小学体育课程资源。

第二,小学体育课程资源有着多样化的形式。小学体育课程资源既可以是显性的,也可以是隐性的;既可以是实物的,也可以是信息化的；既有人力方面的，也有物力方面的。

（2）差异性

小学体育课程资源具有差异性特点，这主要是通过以下几个方面体现出来的。

第一，小学体育课程资源在不同的历史时期和不同的文化背景下，所呈现出来的内涵、外延与内容等是有一定差异的。也就是说，小学体育课程资源并非静态的，而是会随着时代的发展以及人们思想、价值等观念的改变而有一定的变化。

第二，小学体育课程资源会受到地域的影响。也就是说，不同地域所具有的小学体育课程资源是不同的，而且不同地域在开发、利用小学体育课程资源的形式、方法方面也会有所差异。

第三，小学体育课程资源的开发与利用状况，与学校的实际条件、体育师资队伍的专业化发展水平以及学生的实际状况等有着直接的关系，这也使得小学体育课程资源呈现出差异性特点。

（3）潜在性

现实社会中蕴含着很多的小学体育课程资源，而且这些小学体育课程资源在被开发与利用之前就已经存在了。不过，此时现实社会中所蕴含的小学体育课程资源仅仅是具有转化为小学体育课程的可能性，还不能直接成为小学体育课程资源。这说明，小学体育课程资源的价值是潜在的。只有将这一潜在价值开发出来，现实社会中蕴含的小学体育课程资源才能真正地成为小学体育课程的内容，并在小学体育教学的发展中发挥积极的作用。因此，潜在性也是小学体育课程资源的一个重要特点。

2. 小学体育课程资源的特殊特点

（1）运动性

小学体育课程的实施需要借助于身体运动这一重要的载体，因而小学体育课程的内容主要是与体育运动相关的知识与身体练习。这就决定了在开发与利用小学体育课程资源时，必须考虑到运动性特点，即所开发与利用的小学体育课程资源要有助于学生进行体育运动的学习与练习，继而提升身体运动能力，养成良好的运动习惯。

（2）健身性

小学体育课程的开展，最主要的目的便是增强小学生的体质，提高小学生的健康状况。因此，在开发与利用小学体育课程资源时，必须关注其是否具有健身作用，能否帮助小学生在学习与掌握体育运动知识与技能的过程中增强自己的身体素质。

（3）非阶梯性

小学体育课程资源在经过一定的开发与改造后，会成为小学体育课程的内容。对小学体育课程的内容进行分析会发现，其内在结构并不具有明显的逻辑关系，即小学体育课程的内容并不是严格按照由易到难、由简到繁的阶梯形结构进行安排的。因此，小学体育课程资源具有非阶梯性特点。

小学体育课程资源之所以会具有这一特点，原因是小学体育课程内容主要是由体育的理论知识素材和多样化的体育运动项目、身体练习组成的，而且小学体育课程内容的选择与组织可以随时根据小学体育教学的需要来进行，不必拘泥于后一次课的内容是否比前一次课的内容来说增加了难度，或是所教授的体育动作是否更为复杂。

（4）多元性

小学体育课程资源的这一特点是针对其功能而言的，即同一个小学体育课程资源往往能够实现多种体育教学的目标。比如，长跑运动既可以培养学生的耐力素质，也可以培养学生的意志力和坚持不懈的精神等。

(三)小学体育课程资源的类型

1.以体育课程资源的性质为标准进行分类

按照这一标准，小学体育课程资源有自然课程资源和社会课程资源之分。

（1）自然课程资源

从自然界中改造而来的课程资源，便是自然课程资源。我国的国土面积十分辽阔，而且不同的地区在气候条件、山川、物产等方面有较大差异，这就为小学体育自然课程资源的开发与利用提供了重要条件。比如，小学可以组织集体爬山活动来增强学生的体质，培养学生的人际交

第七章 小学体育教学内容的设计

往能力等。

（2）社会课程资源

从社会生活中改造而来的课程资源，便是社会课程资源。社会课程资源深受人为因素的影响，而且呈现出多样化的特点。体育场馆、体育博物馆、社区健身设施等，都属于社会课程资源的范畴。

2. 以体育课程资源的空间分布为标准进行分类

按照这一标准，小学体育课程资源有以下几类。

（1）校内体育课程资源

在学校范围内分布的体育课程资源，便是校内体育课程资源。这一类体育课程资源是体育教师运用最多的，而且是最方便体育教师运用的一类体育课程资源。校内体育课程资源有很多，如学校的体育氛围、学校的体育场馆、学校的体育器材与设施、学校的体育教师等。对这些校内体育课程资源进行有效利用，可以使小学体育教学取得理想的效果。

（2）校外体育课程资源

在学校范围外分布的体育课程资源，便是校外体育课程资源。这一类体育课程资源可以对校内体育课程资源进行补充，从而确保学校体育教学能够获得良好的成效。校外体育课程资源是极为丰富的，有社会体育场馆、校外体育专家、优秀体育运动员、体育比赛、其他学校的体育场地与设施设备等。

（3）网络化体育课程资源

伴随着网络化的进一步发展，网络化的体育课程资源也日益丰富。例如，可以引导小学生观看网络体育赛事、参与网络体育课程等，来增强小学生的体育意识，提升小学生的体育兴趣，继而积极自主地参与到体育教学活动中。

3. 以体育课程资源的存在方式为标准进行分类

按照这一标准，小学体育课程资源有以下两类。

（1）有形体育课程资源

体育课程资源若能看得见、摸得着，便是有形体育课程资源。也就是说，有实物存在的体育课程资源就是有形体育课程资源。这一类体育课程资源可直接在体育教学活动中进行运用，而且有助于体育教学取得理想的效果。最常运用的有形体育课程资源有体育教材、体育场地和体育器材设备。

（2）无形体育课程资源

体育课程资源若看不见、摸不着，便是无形体育课程资源。也就是说，无实物存在的体育课程资源就是无形体育课程资源。这一类体育课程资源对体育教学活动的影响是潜在的，因而将其转化为体育课程内容会有一定的难度。常见的无形体育课程资源有学校的体育传统、师生对待体育的态度、学生的体能状况等。

4. 以体育课程资源的功能特点为标准进行分类

按照这一标准，小学体育课程资源有以下两类。

（1）素材性体育课程资源

可以直接成为体育课程的资源，便是素材性体育课程资源。体育课程标准、体育教材、体育知识、体育锻炼方法等都属于素材性体育课程资源。

（2）条件性体育课程资源

不可以直接成为体育课程的资源，便是条件性体育课程资源。这一类体育课程资源会直接影响体育课程的实施范围，也会直接影响体育课程的实施水平。因此，必须重视条件性体育课程资源。体育教学的资金投入、体育教学的场地、体育教学的师资、体育教学的设施等，都属于条件性体育课程资源。

二、小学体育课程资源开发与利用的重要性

科学有效地开发与利用小学体育课程资源有着十分重要的意义，具体表现在以下几个方面。

（一）推动小学体育课程内容体系的重构

在很长的一段时间内，我国小学体育课程教学在内容方面都是以运动技术的教学为主，而忽略了学生的身心特点以及学生的体育需求；在教学方法方面，忽视了学生的主体地位及其个体差异，无法引起学生的体育学习兴趣和学习积极性；在学习评价方面，着重于评价学生的体能

状况以及运动技术的掌握情况,对于学生的学习态度、学习方式、学习行为等则未予以高度重视,而且评价的主体和评价的方法都较为单一,从而导致评价的结果缺乏客观性和系统性;等等。小学体育课程教学存在的这些问题,制约了我国小学体育教学的进一步发展,因此有必要重新构建小学体育课程内容体系,不断将新的、优质的小学体育课程资源纳入小学体育课程教学之中。

(二)促进小学体育课程的顺利实施

在实施小学体育课程时,需要以既定的小学体育课程目标为依据,结合学校的体育教学条件、体育教师的专业化发展水平以及学生的身心发展特点与体育需求等,选择并组织合理的小学体育课程资源。从这一角度来说,要想促进小学体育课程的顺利实施,必须要重视开发与利用小学体育课程资源。

(三)培养全方面发展的小学生

小学体育课程资源有着丰富多样的种类,而且具有开放性特点。对其进行开发与利用,不仅能丰富小学体育课程教学的内容,而且能促进学生视野的开阔。此外,开发与利用小学体育课程资源时,往往要融入其他学科的相关资源。如此一来,在实施小学体育教学的过程中,还可以自然地讲授一些其他学科的知识,如健康知识、安全知识等。学生在参与小学体育教学时,能够学到多科学的知识,从而为自身知识体系的构建与完善奠定重要的基础。

此外,小学生本身也是一种重要的体育课程资源,因而在对小学体育课程资源进行开发与利用的过程中,要积极引导小学生参与其中。同时,还要重视以小学生的体育需求和体育兴趣为依据来开发与利用小学体育课程资源,以激发小学生的体育学习兴趣和学习积极性,使其能够从被动的知识接受者转变为知识的共建者,继而不断促进自身的发展。

(四)提高体育教师的专业化发展水平

小学体育课程资源开发的重要性在很早之前便被人们所认可,但在最初开发小学体育课程资源时,是以体育领域的专家为开发主体的。事实上,拥有丰富体育教学经验的体育教师,也是一个重要的开发主体。

同时,体育教师在开发与利用小学体育课程资源的过程中,会不断提升自身的专业化发展水平。

首先,体育教师在体育教学的一线工作,只有认识到小学体育教学资源开发与利用的重要性,并切实参与到这项活动中,才能不断对自己的体育教学思想与观念进行更新与完善,对自己的体育教学能力进行提高。此外,体育教师在积极参与小学课程资源开发与利用时,会重视对体育教学组织形式、方法、手段等的改革与创新,而这些对于小学体育教学的健康发展是有积极意义的。

其次,体育教师要想对小学体育课程资源进行有效的开发与利用,首先自身必须要具备一定的开发与利用能力。为此,体育教师需要不断对自己的知识体系进行完善,不断提升自己的体育专业技能,还需要培养自己的创新能力等。总之,为了有效地开发与利用小学体育课程资源,体育教师需要不断提升自身的专业化发展水平。

(五)推动现代体育的进一步发展

在很长的一段时间内,学校体育被认为只能在学校内部开展。也就是说,学校体育长期被设置在学校范围之内。后来,全民健身理念以及终身体育理念的出现,使越来越多的人认识到,学校体育被局限在学校范围之内是无法获得有效发展的,必须让学校体育冲破校园的桎梏,加强与社会体育、竞技体育的联系。通过有效地开展与利用体育课程资源,可以实现学校体育、社会体育和竞技体育三者的有效互动。

由于小学体育课程资源属于体育课程资源的一部分,因而对小学体育课程资源进行开发与利用,也可能促进学校体育、社会体育和竞技体育的有效互动。具体来看,小学体育课程内容可以通过提炼与加工社会体育、竞技体育的一些项目、训练手段等而形成,学生在学习了这些内容后,不仅能够提高自身的运动技能,还可以对社会体育、竞技体育有一定的了解,为其日后参与这两种运动奠定基础。此外,社会体育和竞技体育在发展的过程中也为促进学校体育发展形成了一些有利条件,而借助于这些条件可以不断完善小学体育课程资源,推动小学体育教学不断取得理想的成果。

三、小学体育课程资源开发与利用的原则

要想保证小学体育课程资源开发与利用的科学性与有效性,需要在具体的开发与利用过程中遵循一定的原则,具体有以下几个。

（一）目标性原则

在开发与利用小学体育课程资源时,必须以提前制订好的小学体育课程目标为前提,确保小学体育课程目标的实现。也就是说,根据小学体育课程目标的不同,所要开发与利用的小学体育课程资源也应有一定的差异。由于某一小学体育课程资源有助于多种小学体育课程目标的实现,因而在具体开发与利用小学体育课程资源时,要切实以课程目标为依据,选择最为恰当的课程资源,以确保小学体育课程教学能够取得理想的效果。

（二）科学性原则

这一原则要求在开发与利用小学体育课程资源时,要特别重视以下几个方面。

第一,明确所开发与利用的小学体育课程资源是否能促进学生身体素质的增强以及运动能力的提升。

第二,明确所开发与利用的小学体育课程资源是否能促进学生文化知识的丰富与完善。

第三,明确所开发与利用的小学体育课程资源是否能对小学体育教学的开展产生积极的促进作用。

（三）主体性原则

这一原则要求在开发与利用小学体育课程资源时,必须注意以下几个方面。

第一,要注意充分发挥学校教师、学生等资源开发主体的自身优势。

第二,要确保体育课程资源在转化为体育课程内容后,能激发学生的学习兴趣,从而使学生积极、主动地学习相关内容。

第三,要让学生认识到小学体育课程资源的丰富多样性,以及不同

地域、不同民族文化下小学体育课程资源的特色,继而引导学生切实参与到小学体育课程资源的开发与利用之中。

(四)健身性原则

在开展小学体育课程教学时,一个重要的目的就是促进小学生体质的增强。这就决定了在开发与利用小学体育课程资源时,必须遵循健身性原则。要有效地贯彻这一原则,需要在具体开发与利用小学体育课程资源时注意以下几个方面。

第一,要尽可能开发与利用具有健身价值的小学体育课程资源。

第二,要确保所开发与利用的小学体育课程资源有助于学生进行身体练习。

第三,要确保所开发与利用的小学体育课程资源有助于学生进行体能训练。

(五)可行性原则

这一原则要求在开发与利用小学体育课程资源时,必须注意以下几个方面。

第一,要在对学校所属区域的实际条件、学校的实际情况、学校体育师资队伍的综合素养、学生的实际情况等进行综合考虑的基础上来开发与利用小学体育课程资源。

第二,要注意对当地的体育条件与优势进行综合运用,尽可能将现有的体育器材设施利用起来。这样既可以以最少的资金投入取得最大的经济效益,还可以体现出小学体育课程资源的地域特色。

第三,要确保小学体育课程资源的安全性,尽可能避免对小学生的身心造成伤害。

四、小学体育课程资源开发与利用的内容

在开发与利用小学体育课程资源时,应包含以下几方面的内容。

(一)小学体育课程内容资源

小学体育课程有着多种多样的内容资源,开发与利用时可采取以下

几种方式。

1. 对原课程内容进行整合

对原课程内容进行整合,是开发与利用课程内容资源的一个重要方式。通过整合原课程内容,往往可以形成新课程内容。比如,乒乓球教学可以借用排球运动的场地以及排球运动的规则等。

2. 引入新的体育运动项目

社会是不断进步的,体育运动也处于不断地发展与完善中,因而不断有新的体育运动项目出现。青少年对于新兴事物都有着较高的兴趣,自然也会对新的体育运动项目感兴趣。因此,引入新的体育运动项目,使其成为小学体育教学的一项内容是很有必要的。比如,可以将有氧操、橄榄球、轮滑等新的、时尚的体育运动项目引入校园和体育课堂中。这些新的体育运动项目娱乐性强,对场地、器材的要求也不高,再加上动作比较容易被人学会,因而在走进小学体育教学课堂后,很容易引起小学生的兴趣,继而吸引小学生积极主动地参与到小学体育教学之中,确保小学体育教学能够取得良好的成效。

3. 对现有竞技运动项目进行改造

在当前,竞技体育运动项目因其独特的魅力而深受人们的喜爱。虽然说竞技体育运动项目深受学生的喜爱,但其因过强的专业性、技术性和竞赛性等特点,与学生的身心发展特点不相符合,因而不能直接引入小学体育教学内容。但是,经过一定的改造后,竞技体育运动项目是可以成为小学体育课程内容资源的。在具体的改造过程中,以下几个方面要特别予以注意。

第一,要特别注意突出竞技体育运动项目的教育性,以便小学生在参与这项体育运动时能够受到良好的教育。

第二,要简化运动规则,使其能够被小学生正确理解和运用。

第三,要简化运动的技战术,使其符合小学生的身心发展特点。

第四,要适当降低运动项目的动作难度和练习难度,确保小学生能够较为容易地学会运动项目的动作。

第五,要删除运动项目中不符合小学生的身心发展特点和难度过大的内容,不必过于纠结内容的系统性和完整性。

第六,适当改造运动项目的场地与器材等,使其更符合小学体育教学的需要。

4. 开发民族民间传统体育资源

我国体育在原始社会时期就已经萌芽,经过几千年的发展,形成了多样化的民族民间传统体育项目。这些民族民间传统体育项目在经过一定的改造后,是可以成为小学体育课程内容资源的,如我国民族体育的瑰宝——武术、蒙古族的摔跤、维吾尔族的舞蹈等,以及民间多样化的体育活动——踢毽子、抖空竹、"斗鸡"等。事实上,改造民族民间传统体育项目,使其成为小学体育课程内容是很有必要的。

首先,将民族民间传统体育项目改造为小学体育课程内容,能够丰富小学体育课程的内容,突出小学体育课程的民族民间特色。

其次,将民族民间传统体育项目改造为小学体育课程内容,能够有效地弘扬民族民间传统体育,传承与发展民族民间传统体育文化。

最后,将民族民间传统体育项目改造为小学体育课程内容,能够为小学生开展终身体育奠定重要的基础。

(二)小学体育课程条件资源

在小学体育课程资源的构成中,条件资源也是不可忽视的一部分。在对这一类小学体育课程资源进行开发与利用时,应具体涉及以下两个方面。

1. 小学体育课程人力资源

在小学体育课程的条件资源中,人力资源是十分重要的一个组成部分。小学体育课程人力资源有校内人力资源和校外人力之间之分。小学体育课程校内人力资源主要是体育教师和具有一定体育特长的教职工、校医、学生,其中最主要的是体育教师和学生。

(1)要引导并帮助体育教师充分发挥自己的作用

体育教师在小学体育教学中所起的作用是极为重要的,而且体育教师的专业化发展水平会直接影响小学体育课程资源的开发与利用情况。因此,必须要重视对体育教师的潜能进行开发。在具体的开发过程中,

第七章　小学体育教学内容的设计

以下几方面要特别予以注意。

第一,要引导体育教师重视对自身的知识结构进行完善,使其始终处于不断学习之中。

第二,要为体育教师提供有利的条件来提升自身的专业化发展水平,继而能够更有效地开展小学体育教学活动。

第三,要帮助体育教师学会有效整合课程内容资源的方式,这对于体育课程内容资源的丰富与创新具有积极的意义。

（2）要尊重学生的主体地位

学生是教学活动的对象,而且学生在教学活动中具有主体地位。在开发与利用小学体育课程资源时必须要认识到这一点,并要充分发挥学生作为小学体育课程人力资源的作用。在这一过程中,以下几个方面要特别予以注意。

第一,要积极引导学生参与到体育课程资源的开发与利用中,确保其主体地位得到充分发挥。

第二,要积极鼓励学生根据自己的生活经历来创编体育游戏。

第三,要允许并鼓励学生动手制作运动器材和教具。

2. 小学体育课程物力资源

除了人力资源,物力资源即体育场地、体育器材等也是小学体育课程条件资源的构成部分之一。在当前,由于受到教育经费的影响,很多的物力资源是比较缺乏的,而且这一现象在短期内是无法得到有效解决的。基于此,必须重视对各种小学体育课程的物力资源进行积极开发与有效利用,充分发挥现有体育器材的作用,并注意开发常用器材的多种功能。比如,跳绳用的绳子既可以用来做绳操,又可以用来斗智拉绳;既可以打成各种绳结来代替投掷物,又可以利用绳子打结的特性来学习生存自救的本领。

此外,在开发与利用小学体育课程物力资源时,还要注意以下几个方面。

第一,学校要重视改造体育场地,使其能够适合开展多种体育运动项目。需要注意的是,在对体育场地进行改造时必须要保证其安全性。

第二,学校要根据自身的实际条件,制作一些简单且有效的体育器材。

第三,学校要对周围的体育场地和器材设施进行有效的运用。

(三)小学体育课程课外资源

课外资源也是小学体育课程资源开发与利用的一项重要内容。小学生的在校时间是有限的,上体育课的时间更是十分有限。但是,小学生有充足的课外时间,而且课外体育是课堂体育的延伸与补充,因此对小学体育课外资源进行开发与利用是很有必要的。在具体开发与利用小学体育课外资源时,以下几个方面要特别予以注意。

第一,体育教师要鼓励学生参加多样化的课外体育活动。

第二,体育教师要鼓励学生在课外坚持体育锻炼。

第三,体育教师要适时指导学生的课外体育活动,以确保学生在课外体育活动中能真正有所收获。

(四)小学体育课程校外资源

在开发与利用小学体育课程资源时,除了要重视课外资源的开发与利用,校外资源的开发与利用也应引起足够重视。这是因为,小学生每年都会有两个较长的假期,而且小学生每天的在校时间是有限的,这就为小学体育课程校外资源的开发与利用提供了有利条件。比如,体育教师可鼓励学生在假期参加区县镇所举办的各种体育活动。

(五)小学体育课程体育信息资源

伴随着信息技术的发展以及网络的普及,体育信息资源日益丰富,并成为一项重要的小学体育课程内容。体育信息在信息时代的更新是十分迅速的,而且在很短的时间内便能得到广泛传播。此外,借助于网络来获取体育信息也是十分容易的。而且将来自网络的体育信息进行分析、整理与归纳,选择合适的体育信息融入小学体育教学也是很有必要的。这不仅能使小学体育课程内容不断得到丰富,而且能够使学生不断在自己的知识体系中融入前沿的体育知识。如此一来,学生的体育知识体系就会不断得到丰富与完善。此外,可以在小学体育教学中合理地运用远程体育教育资源,这对于小学体育教学效果的提升也有积极的意义。

第七章 小学体育教学内容的设计

（六）小学体育校本课程资源

校本课程是指根据学校自身的办学理念，充分利用当地社区和学校的课程资源，通过自我探讨或是借助于他人的帮助，对学校学生的需求进行系统评价，形成多元化的、学生可以自主进行选择的课程。校本课程注重学生兴趣、需求和特长的发展，也注重发展的学生个性，还注重激发体育教师与学生的教学、学习积极性、主动性与创造性，从而将学校特色鲜明地体现出来。目前，随着新一轮课程教学改革的不断深入，国家对体育课程的统一管理要求也不断放宽，还允许并支持各个学校立足于自身来开发校本课程。因此，越来越多的学校认识到开发校本课程的重要性，并投入越来越多的人力、物力和财力来开发校本课程。

1. 小学体育校本课程资源开发的重要性

社会主义和谐社会是当前我国在致力实现的一个重要目标，也是在开展学校教育时必须要遵循的一个重要依据。为此，在开发小学体育校本课程资源时，必须要以时代的要求为前提，切实体现出时代特色。原因在于，小学体育作为教育的重要组成部分，肩负着一些独特的使命，即培养21世纪全面合格的社会主义人才。基于此，以和谐发展的理念开发与利用小学体育校本课程资源是很有必要的。

2. 小学体育校本课程资源开发的基本特性

在实现小学体育教学目标和满足学生体育学习需要的前提下，以各类小学的实际情况及其可以获得社会体育物质资源为依据，对适合学校自身的体育课程资源进行开发的行为，便是小学体育校本课程资源开发。从本质上来看，小学体育校本课程开发就是各个小学以《义务教育体育与健康课程标准》为指导，结合自身的实际情况，构建具有鲜明自身特色的小学体育校本课程的过程。此外，分析小学体育校本课程资源的过程会发现其自身的特性，具体如下。

（1）开发依据的明确性

各类小学在开发体育校本课程资源时，必须按照国家《义务教育体育与健康课程标准》和地方《体育与健康教学指南》的要求进行。同时，在开发小学体育校本课程资源时，既要将校内的体育资源纳入开发内容中,也要重视校外体育资源的开发;在开发小学体育校本课程资源时,既要充分考虑到学校所拥有的体育条件、体育教师队伍的综合素养,也要切实考虑到学生的实际情况与体育需求等。只有做到了这些,最终呈现的小学体育校本课程资源才能发挥积极的作用。

（2）开发基地的针对性

教育主要是在学校中进行的,而且学校在教育课程改革中发挥着重要作用,这就决定了体育校本课程资源开发必须要有针对性。也就是说,只有真正围绕学校开发体育校本课程资源,才能开发出与学校实际情况相符合的体育校本课程资源,继而帮助学校构建自己独特的体育教育体系。

（3）开发主体的核心性

在开发小学体育校本课程资源时,需要体育教师、具有一定体育特长的教职工、学生以及社区人员等的共同参与。但是,体育教师的专业化发展水平会直接影响小学体育校本课程资源的开发与实施情况,故而必然会占据小学体育校本课程资源开发主体的核心地位。

（4）开发内容的开放性

学校在开发小学体育校本课程资源时,必须按照国家《义务教育体育与健康课程标准》和地方《体育与健康教学指南》的要求来进行。在此基础上,各学校可根据自身和所在地区的实际情况,合理选择小学体育校本课程资源。这表明,小学体育校本课程资源开发在内容选择上具有较大的开放性。

3. 小学体育校本课程资源开发的基本原则

要想保证小学体育校本课程资源开发的科学性与有效性,保证小学体育校本课程资源的特色性,需要在具体的开发过程中遵守以下几个基本原则。

（1）以人为本原则

这一原则要求在开发小学体育校本课程资源时,必须要以小学生为中心来展开。只有做到了这一点,才能确保所开发的小学体育校本课程资源能够促进小学生的全面发展,如增强小学生的体质、激发小学生的体育学习兴趣和学习积极性、开阔小学生的视野、培养小学生良好的体育行为与体育习惯等。

（2）客观性原则

这一原则要求在开发小学体育校本课程资源时，要特别重视以下几个方面。

第一，要切实立足于学校的实际进行开发，凡是与学校实际不相符的体育课程资源，都需要剔除出去。

第二，要切实以学生的身心发展特点以及体育需求等为前提进行开发，否则所开发的小学体育课程资源是无法发挥积极作用的。

第三，要考虑学校的人力、物力和财力条件，循序渐进地进行开发，切不可急于求成。

（3）整体性原则

这一原则要求在开发小学体育校本课程资源时，要特别重视以下几个方面。

第一，要从整体的观点出发进行小学体育校本课程资源开发，保证最终形成的小学体育校本课程在内容上具有系统性。

第二，要以国家体育课程和地方体育课程为依据来进行小学体育校本课程资源开发，以便与国家课程改革的思路保持一致，提高所开发的小学体育校本课程资源的科学性和可行性。

第三，要积极吸引多方力量参与到小学体育校本课程资源开发之中，这既能够提高小学体育校本课程资源的丰富性，也能够确保所开的小学体育校本课程资源被认可和接受。

（4）整合性原则

小学体育校本课程资源开发中的整合性原则是指在开发小学体育校本课程资源的过程中，要尊重不同课程要素所存在的差异，并积极探求它们之间的内在联系，使不同的课程要素成为一个有机整体，发挥出最大的效用。

（5）特色性原则

这一原则要求在开发小学体育校本课程资源时，要特别重视以下两个方面。

第一，学校在开发小学体育校本课程资源时，要切实考虑到学校所在区域的实际条件，充分利用所在区域所具有的各种体育资源。

第二，学校在开发小学体育校本课程资源时，要注意突出自身的体育特色。也就是说，学校在开发小学体育校本课程资源时，必须要基于学校、立足于学校,为了学校未来的发展。

(6) 开放性原则

这一原则要求在开发小学体育校本课程资源时,必须秉承开放的心态。凡是符合学校、教师和学生的实际情况,有助于学生身心健康发展,并且具有实施可行性的体育课程素材,都可以成为小学体育的校本课程资源。

(7) 经济性原则

这一原则要求在开发小学体育校本课程资源时,要特别重视以下两个方面。

第一,要在对学校所具有的人力、物力和财力条件进行充分考虑的基础上进行开发,否则开发是无法进行的。

第二,要在开发前明确如何能在人力、物力和财力条件都投入最少的情况下,获得最多的产出。

4. 小学体育校本课程资源开发存在的问题

第一,体育教师对小学体育校本课程资源开发的认知存在偏差。例如,一些体育教师认为,开发小学体育校本课程资源就是教自己想教的、能教的。这些体育教师若不及时纠正自己的这一错误认知,势必导致最终形成的小学体育校本课程无法发挥出应有的作用。

第二,体育教师缺乏应有的心理认知和参与小学体育校本课程资源开发的实际意愿,这在一定程度上制约了小学体育校本课程资源的有效开发。

第三,体育教师开发小学体育校本课程资源的能力比较差,这严重影响了小学体育校本课程的建设步伐。

第四,小学体育校本课程资源的开发缺少体育课程专家的技术指导,因而小学体育校本课程资源开发的质量并不高。

第五,小学体育校本课程资源的开发缺少规范性和科学性,这也是导致小学体育校本课程资源质量不高的一个重要原因。

5. 小学体育校本课程资源进一步开发的策略

第一,在开发小学体育校本课程资源时,可以采取由易到难、逐步深入的策略,即首先选择一些有条件的课程项目或单项课程进行小学体育校本课程资源开发,待积累了较为丰富的经验,而且具备了较强的课程资源开发意识和开发能力后,再扩大范围。

第二,在开发小学体育校本课程资源时,必须组建明确的组织领导体系,并由领导出面制订一系列具体措施,以便充分调动各方力量参与到具体的开发过程之中。

第三,在开发小学体育校本课程资源时,必须要有完善的实施体系做支持。为此,必须要成立开发工作小组,负责所有与校本课程资源开发相关的具体工作。同时,也要重视制订小学体育校本课程资源开发活动的工作计划。

第四,在开发小学体育校本课程资源时,必须将体育教师纳入开发过程之中,并进一步明确体育教师的开发主体地位,以确保小学体育校本课程资源开发取得理想的效果。

第四节 小学体育课的教材建设

小学体育课的教材建设情况,也会对小学体育教学的效果产生直接的影响。因此,在开展小学体育教学时,课程教材的建设也必须予以高度重视。

一、小学体育教材建设的重要性

关于小学体育教材建设的重要性,可以从以下几个方面进行分析。

(一)小学体育教材建设能够保证小学体育课程内容具有针对性

在建设小学体育课的教材时,最重要的任务是从复杂的内容中选择最符合小学体育教学目标和学生身心发展特点与体育需求的内容,使其成为小学体育教学的内容之一。这样做,可以保证小学体育教学具有针对性。

构建小学体育教材实际上是对学生需要学习的内容进行了划定与

组织,这样有助于学生更有针对性和目的性地进行学习,还有助于提高学生的学习自主性。

(二)小学体育教材建设能够保证教学过程的顺利开展

关于小学体育教材建设这一方面的意义,可具体从以下几个方面进行理解。

第一,在建设小学体育教材时,通过对教学内容进行排列与编写等,可以使其更具有系统性。这样一来,小学体育教学就变得相对容易。

第二,在建设小学体育教材时,教材中所涉及的内容充分考虑了小学体育教学的需要以及师生的实际状况等,因而能较容易地被体育教师运用于教学之中,还能有效提升学生的体育学习兴趣。

第三,在建设小学体育教材时,需要对抽象、复杂的教学内容进行形象化、简单化处理,使其能容易被学生所接受。因此,运用小学体育教材可以更为有效地开展小学体育教学活动。

(三)小学体育教材建设有助于传承与发展体育文化

小学体育课程的内容以体育活动、身体运动为主,重在增强学生的体质,提高学生的身体健康状况。除此之外,小学体育课程内容中还涉及一些体育原理和体育知识,也是需要学生予以掌握的。要将这些体育原理和体育知识系统有效地传授给学生,就需要借助于体育教材这一重要的载体。

在小学体育教材中,可以向学生展示一些重要的案例,帮助学生了解体育学科的相关知识及其与相关学科的关系。同时,这些案例是对古往今来的体育原理和体育知识进行综合的结果,是体育文化的重要组成部分。因此,学生在了解、学习这些案例的过程中,可以更深入地理解体育文化,并对体育文化进行传承与发展。

(四)小学体育教材建设有助于落实与发展终身体育思想

在小学体育教材中,不仅涉及很多的体育原理与体育知识,还会涉及体育锻炼的方法与手段等。因此,学生在学习体育课教材的过程中,会逐渐意识到体育运动的重要性,并切实树立终身体育意识,养成良好的体育运动习惯。同时,学生在体育教材中所学到的体育知识和体育锻

第七章 小学体育教学内容的设计

炼方法等,也会为其日后坚持终身体育奠定重要的基础。从这一角度来说,小学体育教材建设有助于落实与发展终身体育思想。

二、小学体育教材建设的工作内容

在建设小学体育教材时,需要做好的工作有以下几个。

(一)选择恰当的小学体育教学内容

选择恰当的小学体育教学内容,是建设小学体育教材的重要一步。只有保证所选择的小学体育教学内容具有科学性、实用性和正确性,才能使最终呈现的小学体育教材具有现实价值。为此,在进行小学体育教材内容选择时,应遵循以下几方面的要求。

1. 积极评估待选择体育素材的价值

体育素材的价值在很大程度上决定了其能否被选入小学体育教材内容中。因此,做好待选择体育素材的价值分析工作是十分重要的。在对待选择体育素材的价值进行评估时,应充分考虑到以下几个方面。

第一,待选择的体育素材是否具有健身价值,即待选择的体育素材能否促进学生体质的增强。

第二,待选择的体育素材是否有助于激发学生的体育学习兴趣和体育学习积极性。

第三,待选择的体育素材是否蕴含着一定的道德因素,能够促进学生思想道德品质的提升。

第四,待选择的体育素材是否有助于对学生的个性品质进行培养。

总之,在选择小学体育教材的内容时,必须重视对体育素材的价值进行分析。只有待选择的体育素材能够满足以上条件时,才能将其转化为小学体育教材的内容。

2. 有效整合体育运动项目与身体练习

小学体育教学中所涉及的体育运动项目有很多,而且不同的体育运动项目需要不同形式的体育锻炼,对学生身心的影响也大相径庭。基于此,在对小学体育教材内容进行选择时,需要对不同的体育运动项目会对学生身体机能产生的影响进行具体分析,然后根据体育教学目标确定最为恰当的某一项或某几项体育运动项目。在确定了体育运动项目后,还需对其进行一定的改造与加工,以更好地与小学体育教学实际相符合。

3.选择合适的体育运动项目

体育运动项目种类繁多。不过,并非所有的体育运动项目都能成为小学体育教学的内容。究其原因,主要是小学体育教学是有一定时间限制的,而且需要面向所有的小学生,并要考虑到小学生在身心发展方面存在的差异。因此,被选入小学体育教学内容中的体育运动项目要尽可能具有典型性,并能够使小学生在学习这一体育运动项目时都有所收获。

4.分析所选体育教学内容的可行性

在选定小学体育教材的教学内容后,还需要分析其可能性。小学体育教学内容能否得到有效实施,会受到很多因素的影响,如学校所在的区域条件、学校自身的体育条件、体育教师的综合素养等。因此,在选择小学体育教材的教学内容时,还必须考虑到其是否具有实施的可能性。

(二)编制小学体育教学内容

小学体育教学内容的科学编制,也是建设小学体育教材时必须要考虑的一项内容。这里所说的编制,包括小学体育教学内容的创编和编排两方面的内容。

1.合理地创编体育教学内容

对小学体育教学内容进行创编,是为了保证小学体育教学内容更符合小学体育教学的需要,以及学校、师生的实际状况等。就当前来说,可以借助于以下几个方式来创编小学体育教学内容。

(1)利用动作教育模式创编小学体育教学内容

动作教育就是根据人体运动的原理对一些竞技体育运动进行分类,然后根据学生的身心发展特点和体育需求来设计相应的体育教材。运

第七章 小学体育教学内容的设计

动教育有助于学生身体机能的提高,也能帮助学生获得身心的健康发展。因此,在创编小学体育教学内容时,可以借助于动作教育这一模式。在具体的创编过程中,需要做好以下两方面的工作。

第一,编写体育游戏,在编写过程中要切实遵守动作教育的规则。

第二,设计多种角色,让学生在角色扮演的过程中增强身体机能,并学会处理多样化的人际关系。

(2)借助于体育文化创编小学体育教学内容

将体育文化融入小学体育教学内容,也是对小学体育教学内容进行创编的一个有效方式。体育运动中蕴含着很多的文化要素,对其进行提取与强化,可以使学生在学习体育运动的同时,进一步了解与感受运动文化。我国的一些传统体育运动项目如武术、舞龙等中都蕴含着修身养性的基本理论,将这些传统体育运动项目改造后融入小学体育教学内容中,可以使学生对修身养性的基本理论形成一定的认知,还可以激发学生对于中国传统文化的兴趣。

(3)通过游戏化的方式来创编小学体育教学内容

在创编小学体育教学内容时,对体育内容进行游戏化处理也是一种有效的创编方法。对体育内容进行游戏化处理,实际上就是在体育运动中增加一些游戏化成分,并强化协同和竞争要素,以改变体育运动原本较为枯燥的问题,激发学生参与体育运动的兴趣。

(4)通过改造运动项目来创编小学体育教学内容

借助于对运动项目进行改造的方式,也可以有效地创编小学体育教学内容。在具体运用这种创编方式时,可从以下两个方面着手。

第一,对原体育运动项目进行简化,包括简化规则、简化技术动作、简化器材等。通过对原体育运动项目的简化,可以使其更符合学校的教学实际、体育教师的教学水平以及学生的实际状况等,继而使其切实能够成为小学体育教学的一项重要内容。

第二,对原体育运动项目的基本结构进行改造,使其以一种新的面貌呈现出来。通过对原体育运动基本结构的改造,可以使运动的难度降低,还能更好地适应学校的体育场地与设施设备等,以便在小学体育教学中得到有效实施。

(5)采用生活化、实用化等形式来创编小学体育教学内容

在创编小学体育教学内容时,可以采用使体育教学内容更加生活

化、实用化的方式。具体来说，就是将小学体育教学内容与学生的日常生活以及学生需要掌握的实用运动技能进行有机融合。

这一小学体育教学内容的创编方法可以使小学体育教学内容与学生的现实生活、现实体育需求等更为贴近，因而能够有效激发学生的体育学习兴趣和学习主动性，继而使这一小学体育教学内容充分发挥出应有的作用。

（6）以运动处方形式来创编小学体育教学内容

在对小学体育教学内容进行创编时，也可以采用运动处方的方式，即重新排列、组合体育运动的强度、重复次数等，以更好地满足学生多样化的体育锻炼需求。学生在对这一类教学内容进行学习时，还可以学会如何在锻炼身体时有效地运用运动处方。

2. 恰当地编排体育教学内容

在进行小学体育课程教材建设时，除了要对小学体育教学内容进行恰当选择，还需要对所选择的小学体育教学内容进行合理编排，以确保其能够发挥出最大的效用。目前而言，编排小学体育教学内容的方式主要有以下两种。

第一，一旦某一体育运动项目和身体练习的内容出现后，后面便不再对这一内容进行重复。

第二，某一体育运动项目和身体练习的内容出现后，后面根据实际教学需要对其进行重复。要注意的是，重复的内容虽然是相同的，但教学要求必须有所提高。

（三）编写小学体育教材

对小学体育教材进行科学的编写，也是小学体育教材建设的一项重要内容。在具体的编写过程中，需要遵守以下几个原则。

1. 教育性原则

小学体育教材编写的教育性原则，要求在具体的编写过程中必须遵守以下几项要求。

第一，所编写的小学体育教材必须与国家的教育方针保持一致，并能够促进国家教育方针的落实。

第七章 小学体育教学内容的设计

第二,所编写的小学体育教材必须体现素质教育的要求,能够使学生的综合素质得到有效提升。

第三,所编写的小学体育教材要能够培养学生的爱国意识和爱国精神,增强学生的社会交往能力。

2. 健康性原则

小学体育教材编写的健康性原则,要求在具体的编写过程中必须遵守以下几项要求。

第一,所编写的小学体育教材必须以"健康第一"的思想为指导,能帮助学生认识到体育运动的重要性,促进学生终身体育意识的树立和良好体育运动习惯的培养。

第二,所编写的小学体育教材必须考虑到不同年级小学生的身心发展状况及其所适用的体育运动项目和体育运动方法等,还要确保小学生随着年级的增长,身体健康状况也逐渐有所提升。

第三,所编写的小学体育教材要能够帮助学生对体育与健康知识进行了解、掌握与运用。

3. 发展性原则

小学体育教材编写的发展性原则,要求在具体的编写过程中必须遵守以下几项要求。

第一,所编写的小学体育教材要能够使学生伴随着年级的增长,体育知识不断丰富和完善,体育运动技能不断提到提高,心理健康状况不断提升。

第二,所编写的小学体育教材要有助于学生进行积极的思考,自主地、独立地对体育教学内容的价值进行分析与判断,继而明确切实有助于自身发展的体育教学内容。

第三,所编写的小学体育教材要有助于学生形成终身体育意识,还要为学生终身体育的开展奠定重要的知识与技能条件。

第四,所编写的小学体育教材要能够培养学生举一反三的意识与能力。具备了这一能力,学生便能在实践中有效地运用所学的知识和技能来促进自身的不断发展。

4. 兴趣性原则

小学体育教材编写的兴趣性原则,要求在具体的编写过程中必须遵守以下两项要求。

第一,所编写的小学体育教材要尽可能符合学生的兴趣与爱好。

第二,所编写的小学体育教材要尽可能与学生已有的运动知识、已达到的技能水平相适应,并能促进学生运动知识的进一步完善、运动技能水平的进一步提高。

第八章 小学体育教学过程与方法的设计

体育教师在开展小学体育教学活动时，要想保证其顺利进行并取得理想的效果，必须要掌握体育教学过程的相关知识，并懂得如何选择最为恰当的体育教学方法。本章将对小学体育教学过程与方法的相关内容进行详细阐述。

第八章　小学体育教学过程与方法的设计

第一节　小学体育教学过程的基本认知

一、小学体育教学过程要实现的目的

小学体育教学过程实际上就是体育教师指导小学生对体育进行认知的特殊过程。在这一过程中，需要实现以下几个目的。

（一）让小学生体验运动乐趣

体育运动的开展，需要学生身体的积极参与。从生物学的角度来看，运动的过程就是对运动者的身体进行生物学改造的过程，也是让运动者在身体和心理两方面对运动乐趣进行体验的过程。对于学生来说，只有体验到体育运动的乐趣，才能积极主动地参与到体育教学中，从而保证体育教学过程的顺利进行。此外，让学生体验到体育运动的乐趣，对于学生形成终身体育意识也有积极的意义。因此，在开展小学体育教学的过程中，要注意引导学生体验运动的乐趣。

（二）促进小学生学习体育知识，形成运动认知

小学体育教学是一门涉及内容较多的学科，包括运动生理学、运动医学、运动生物化学、运动解剖学、运动生物力学、运动心理学、体育装备工程技术、体育计算机科学、体育设施建设、体育数理科学等领域，是人文学科和自然学科的综合体。小学体育教学在要求学生掌握运动技能的基础上，还需要了解和掌握一些其他的相关知识，而这些知识对于学生运动技能的掌握和运动素质的提高具有积极的促进作用。实际上，小学体育运动在促进学生运动技能提高的同时，也能够促进学生其他素质的综合发展，包括智力水平、道德水平和审美素质等。因此，个体是否学习过体育运动，会在认知发展方面呈现出一定的差异。由此可见，在开展小学体育教学的过程中，要注意促进小学生学习体育知识，形成运动认知。

(三)引导小学生掌握运动技能

教学的内容大致来说可以分为两部分:一部分是知识的讲授,另一部分是技能的教授。其中,知识类学科的教学过程主要是帮助学生识记并掌握与该学科相关的概念、基本理论与基本常识等,并引导学生在掌握知识的基础上对其进行恰当运用,继而发展自己的智力与思维能力等。技能类学科的教学过程主要是教授学生一定的技能,提高学生的技能水平。

小学体育教学属于技能类学科,因而在体育教学过程中需要引导学生进行身体练习,牢固地掌握所学习的运动技能。在此基础上,学生才能准确掌握体育锻炼的方法、增强自己的体能,并体会到运动的乐趣。因此,对于小学体育教学来说,其最为基本的一个要求便是促进学生运动技能的提高。是否促进了学生运动技能的提高,是对小学体育教学的有效性和质量进行评判的重要标准之一,也是对体育教师的教学能力进行衡量时必须要考虑的一个因素。

(四)提高小学生的运动素质

人们参与运动的主要目的,便是促进自身运动技术水平的不断提升。更具体来说,运动的任务是让运动参与者在掌握运动的相关理论知识和运动技战术的基础上,促进运动参与者各项身体机能的发展,提高运动参与者的运动素质。这就决定了体育教师在编排小学体育教学的内容、安排体育教学的进度时,必须确保其既能够有助于小学生掌握运动技能、提高运动能力,也要有助于小学生整体运动素质的提升。

(五)培养小学生的集体主义精神和社会交往能力

在开展小学体育教学时,最常用的一种教学形式便是集体教学。之所以会采用这一教学形式,很重要的一个原因便是体育运动是一种集体性的项目,不论是体育知识的学习还是体育技能的掌握,甚至是体育运动素养的养成,都需要在集体或小组的基础上完成。特别是对于竞技体育,理想成绩的获得不仅与运动员有着直接的关系,还与团队教练员、管理人员、医疗人员以及运动员家长等是否能够通力合作有着密切的关系。此外,随着小学体育教学改革的不断深入,当今社会对小学体育教

第八章　小学体育教学过程与方法的设计

学的要求也逐渐趋于集体性,以便充分发掘集体教学过程中的潜在作用。从这一角度来说,体育教学过程是集体学习和集体思考的过程,不仅要注意培养学生的集体主义精神,还要注意对学生的社会交往能力进行培养。

二、小学体育教学过程的作用

小学体育教学过程的作用,从总体上来说就是要促进学生身心的健康和谐发展。更具体来说,小学体育教学过程的作用主要有以下几个。

(一)教育作用

在小学教育系统中,体育是其中一个重要的组成部分。通过开展小学体育教学活动,不仅能够增强学生的体质、促进学生的全面发展,而且对学生养成终身体育意识有积极的作用,还能够使我国的体育教育事业甚至是整体的体育事业都不断向前发展。因此,在小学阶段开展教育活动时,体育教学是必须要有的,并且在体育教学过程中要注意充分发挥体育教学的教育作用。具体来看,体育教学过程的教育作用主要表现在以下几个方面。

1. 智育作用

在小学体育教学过程中,能够促进学生智力的发展。具体来看,小学体育教学过程的智育作用主要是通过以下两个方面表现出来的。

第一,在开展小学体育教学的过程中,体育教师会教给学生一定的体育知识与体育技能,而体育知识体系的构建和体育技能的掌握与运用,对于学生智育的发展都有积极的作用。

第二,在开展小学体育教学的过程中,体育教师会积极开发学生的想象力,重视培养学生的创新意识和创造性思维。

2. 德育作用

在开展小学体育教学活动时,既要注重提高学生的身体素质、增强学生的心理健康水平,也要重视对学生思想品德、审美能力的培养,从而使学生成长为德、智、体、美全面发展的社会主义建设者。

3. 美育作用

小学体育教学过程中蕴含着很多美的因素,它们对于提高学生的审美意识和审美能力具有积极的作用。从总体上来看,小学体育教学过程的美主要体现在两个方面:一是在小学体育教学过程中,体育教师和学生需要进行多样化的创造性活动,而创造性活动是美的根源;二是在小学体育教学过程中,体育运动动作是一项重要的教学内容,而体育运动动作本身就具有一定的动作美。因此,在体育教学的过程中,"美"的因素会被作为一种教学手段贯穿其中,以便学生能够在"美"的形式中更好地掌握体育知识与体育技能,并形成一定的审美观念与审美能力等。

(二)知识传递作用

在小学体育教学过程中,体育教师不仅要向学生教授体育动作和体育技能,还需要向学生传授体育知识。因此,对于小学体育教学过程来说,传递知识是其作用的一个重要体现。学生只有掌握了全面且系统的体育知识,才能更好地参与体育运动,继而在体育运动中有所收获。

(三)个性发展作用

每一名学生都是一个独特的个体,其以自己的生理条件和经验背景为依据,可以形成独特的知识、技能和智能结构,从而帮助自己发展个性。除了生理条件和经验背景,学生个性的形成与发展还会受到身体素质、思想、品德、态度、情感、意志等多方面因素的影响,而小学体育教学过程能够对学生个性形成与发展的因素产生积极的影响。从这一角度来说,小学体育教学过程能够促进学生个性的发展。

三、小学体育教学过程的管理

小学体育教学过程从管理学的角度来看,就是对小学体育教学计划、小学体育教学的场馆与设施、小学体育教学的课堂秩序、体育教师的教学能力、学生的学习行为、小学体育教学的课堂时间等进行管理的过程。在进行小学体育教学过程管理时,既要考虑到小学体育教学的目标,也要考虑到小学体育教学的基本规律、基本模式和常用方法,还要

第八章 小学体育教学过程与方法的设计

考虑到影响小学体育教学的内外部条件。只有如此,体育教学过程的管理才能够发挥自身的积极作用,确保体育教学取得最佳的效果。

四、小学体育教学过程的完善

只有不断完善小学体育教学的过程,才能确保小学体育教学不断取得理想的效果。在对小学体育教学过程进行完善时,可具体从以下几方面着手。

(一)不断优化小学体育教学目标,使其具有明确性

小学体育教学是围绕着小学体育教学目标开展的,而且最终要实现预定的小学教学目标。由于小学体育教学目标会对小学体育教学过程及其实施产生直接性影响,因而在对小学体育教学过程进行完善时,可通过对小学体育教学目标的优化来实现。

在优化小学体育教学目标时,最为关键的一点是确保其具有明确性。只有小学体育教学目标明确,小学体育教学过程的实施才能获得科学的指导。此外,在保证小学体育教学目标具有明确性的同时,还要确保其具有科学性、可操作性,确保不同层次的体育教学目标在具有一定差异性的同时又保持一致。

(二)不断优化小学体育教学内容,使之具有学习性

小学体育教学内容是小学体育教学过程中不可或缺的一部分,因而在对小学体育教学过程进行完善时,也可以从体育教学内容着手。

小学体育教学内容的选择与安排情况,不仅会影响到学生对体育教学内容的态度,而且影响着小学体育教学目标能否得到实现。因此,所选择与安排的小学体育教学内容应具有学习性,能够吸引学生积极主动地参与到体育教学和体育学习中。

(三)不断优化小学体育课堂结构,使之具有合理性

一般来说,教学过程是通过课堂结构的形式表现出来的。由于小学体育教学会受到众多因素的影响,而且有些因素是十分复杂的,因而小学体育教学的课堂结构也是十分复杂的。基于此,小学体育教学的课堂

结构完善必须要从整体着眼,确保各个影响因素在发挥自身积极作用的同时,也能够相互促进。

(四)不断优化小学体育教学方法,使之具有时效性

小学体育教学要想顺利实施并取得理想的效果,必须要借助于一些有效的体育教学方法。体育教学方法恰当,既能够促进小学体育教学目标的实现,也能够有效促进学生身心的健康发展;体育教学方法错误,不仅会导致体育教学目标无法顺利完成,而且会影响学生身心的健康发展。因此,在对小学体育教学过程进行完善时,体育教学方法的优化也是一个重要的方面。

在对小学体育教学方法进行优化时,必须要确保其具有时效性。为此,在对小学体育教学方法进行选择时,应特别注意以下几个方面。

第一,要确保所选择的体育教学方法与体育教学场地、体育教学设备以及体育教学内容等具有适应性,否则体育教学方法将无法在体育教学过程中发挥积极的作用。

第二,要确保所选择的体育教学方法符合体育教师的教学水平以及学生的身心发展特点,从而促进体育教学目标的实现。

第三,要确保所选择的体育教学方法具有创新性,以更好地激发学生的学习兴趣与学习积极性,保证体育教学的效果。

(五)不断优化小学体育教学评价,使之具有激励性

在开展小学体育教学活动时,体育教学评价是必要的内容。科学地开展小学体育教学评价,既能够对体育教学方法是否科学进行判断,也能够对体育教学过程是否合理进行衡量,还能够对体育教师的教学水平进行检测。因此,在对小学体育教学过程进行完善时,体育教学评价优化也是不可忽略的。在对体育教学过程进行优化时,既要保证其全面性、科学性和发展性,又要注意发挥其激励作用,以便能够更好地为教学活动服务。

第二节　小学体育教学过程的设计与呈现

一、小学体育教学过程设计的含义

小学体育教学过程设计是体育教师进行小学体育教学设计的重要一环,具体指的是体育教师按照现代系统论的观点,采用类似计算机流程图的形式,对影响小学体育教学活动的因素进行优化组合。

小学体育教学过程设计是一种动态设计,能够为设计最佳的小学体育教学方案提供全面、综合的思路。

二、小学体育教学过程设计的基本要素

小学体育教学过程包含诸多要素,这些要素会对整个教学过程产生影响。在进行小学体育教学过程设计时,应明确与教学过程密切相关且影响整个过程顺利进行的基本要素。

（一）小学体育教学目标

小学体育教学中师生预期达到的学习结果和标准,便是小学体育教学目标。它由体育教师依据课程目标制订,对小学体育教学活动具有较强的指导性,但也具有一定的灵活性,因此在为课程目标服务的同时,要贴近与符合学生的实际水平,对整个教学过程起指向性作用。

（二）小学体育教学内容

小学体育教学目标能否实现、小学体育教学任务能否完成、小学体育教学能否取得理想的结果,最重要、最关键的一个影响因素便是小学生。因此,教师要做好充分的调查研究,掌握小学生的一般情况和特殊情况,选择小学生可以接受的教学内容,组织小学生学习和练习;根据教学目标,合理搭配体育与健康理论知识与运动技术,以及发展身体机能与提高身体素质的内容,从而实现促进学生全面发展的教学目标。

(三)小学体育教学中的人际关系

小学体育教学中的人际关系较为多样,除教师与学生、学生与学生、体育干部与小组成员的关系外,在组织教学比赛的过程中,还会出现场内学生与场外观众、队员与裁判之间的关系等。因此,在小学体育教学过程中,如果能恰当处理与利用教学过程中的人际关系,将有助于取得良好的教学效果。这不仅需要体育教师积极地引导小学生培养建立良好人际关系的意识,还需要小学生具有主动建立良好人际关系的行为,通过师生共同努力创造一个有利于完成教学任务的和谐集体。

(四)小学体育教学组织

小学体育教学组织是体育教师与学生为实现体育教学目标所采用的各种组织方式。针对不同的教学对象(如不同水平阶段的学生)、不同的教学环境、不同的教学任务,教师要采用不同的教学组织形式。这就要求体育教师要充分了解学生的年龄、生理、心理特点,也要掌握教学方法和媒体(如场地器材、直观教具等)的使用及搭配方法,根据体育教学内容和课的任务与要求、人数、性别等情况灵活地运用各种体育教学组织形式,把课上得有声有色。

三、小学体育教学过程设计的要求

在进行小学体育教学过程设计时,需要遵守以下几个要求。

(一)充分了解小学生的认知特征

小学生,知识、经验少,感知能力差,依赖性比较强,无意注意占主导地位,以具体形象思维为主。随着年龄的不断增大,他们知识、经验增加了,感知能力提高了,能通过一定的意志努力,集中注意力参与学习活动,其思维也由具体思维过渡到抽象思维。

在进行小学体育教学过程设计时,体育教师应了解不同年龄段学生的认知发展特征,选择难度适宜,符合学生认知要求的教学内容,从而获得满意的教学效果。比如,上海推进兴趣化的小学体育课程改革,鼓励小学体育教师将体育游戏融入基本的身体活动形式,采用具有趣

第八章　小学体育教学过程与方法的设计

味性、活动性和多样性的教学方法与手段,这充分体现了小学生身心发展、年龄、认知特征等方面同体育与健康教育内容的相互关系。

(二)充分发挥小学生的学习主体作用

不论是小学体育教学活动的主体,还是小学体育教学信息的接受者,都是小学生。在小学体育教学过程中,学生的主体作用体现在能充分发挥学生的学习积极性,有更多的参与机会,能与体育教师沟通交流,师生之间的双边活动活跃。新课程理念要求学生培养良好的学习习惯,因此,在小学体育教学中,体育教师应鼓励学生自学,如指出自学目标,指导学生看书自学—相互交流,合作探究—结对帮扶,以优生指导后进生—巩固练习掌握动作技能,给学生独立的练习时间和思维空间,让学生按照自学目标,富有个性地学习,探究新知,并通过自己的努力获得成功的体验和喜悦。这样做不仅能培养学生的体育兴趣与爱好,对学生的个性发展也有积极意义。

(三)充分发挥教师的主导作用

在新课程改革之前,体育教师在小学体育教学过程中主要承担讲解、示范的任务。随着新课程理念的变革以及现代科学技术在小学体育教学中的应用,体育教师的主导作用逐渐转化成为学生创设问题情境,给学生充裕的学习时间和空间,引导学生探究、发现和进行再创造。比如,在肩肘倒立教学中创设这样一个问题情境:体育教师手捧一个排球停放在空中,让学生两腿伸直并拢,坐在垫子上,然后上体后倒,两腿上举想办法用脚尖碰到这个球。结合小学生好奇的心理特点,他们一定会争着探索怎样做才能碰到这个球,体育教师可以放手让学生自己动脑探索,这样学生的求知欲望一下子就会被激发出来,其学习效果要比教师讲解示范学生练习三段式好得多。最后让学生对整个过程中的思考与行动进行总结,提炼动作要领,这样就把学习的主动权还给了学生,以诱发学生自主探究的动机。

(四)恰当选用体育教学方法,实现教学相长

小学体育教学方法是体育教师和学生为共同实现小学体育教学目标而采取的方式,它包括体育教师教的方法和学生学的方法。在小学体

育教学过程中,体育教师需要结合小学生的年龄、身体发育、生理及心理发展状况,采用相应的教学方法。如游戏教学法,将学习内容通过游戏的方式体现出来;情境教学法,通过语言描述、实物演示、声音渲染等手段创设课堂教学情境。在此基础上,诱发小学生学习的主动性、积极性,激发其兴趣与热情,营造轻松、开放式的课堂教学氛围,通过师生双方相互交流、相互沟通、相互启发,彼此分享思考和知识,交流情感和体验,最终实现教学相长和共同发展。

四、小学体育教学过程设计的呈现

小学体育教学过程的设计主要是通过文字和图表的形式进行呈现的,而且主要是在设计思路和教学计划两部分中进行呈现的。

(一)设计思路部分"教学过程设计"的呈现

设计思路部分的"教学过程设计"是体育教师在头脑中形成的对一堂体育与健康课的规划蓝图,是体育教师结合课堂教学目标、内容、学生情况等因素对体育与健康课中各个环节、情境与问题的预设。体育教师应保证课前对整堂课的思路与过程有明晰的设计,而设计思路的呈现形式不是统一固定的,可因人而异,如详细文字式、简洁文字式、详细图表式和直观图表式等。

(二)教学计划部分"教学过程设计"的呈现

小学体育教学中最核心的是实践课,而实践课的基础结构划分为三个部分。这样划分的依据主要有两个。一是人体生理机能的变化规律。人体由相对安静状态进入工作状态,即机体工作能力上升,对应课的准备部分;机能从较低水平逐步提高到较高水平,并在相当一段时间内保持最高水平阶段,这对应为课的基本部分;人体在经过长时间较剧烈的身体活动和承受较大的生理负荷后机能逐渐下降,这对应课的结束部分。二是教育心理学领域的教学过程阶段划分。一个完整的教学过程,应依次完成激发动机、引起注意,提示教学目标,唤起先前经验,讲解与示范教学内容,提供学习指导,引发学生行为,提供反馈,评估学习行为,促进记忆与迁移9个教学事件。前3个教学事件属于准备部分,中间5个事件属于基本部分,最后1个事件属于结束部分。以此为依据,体育课常用三段式教学,但也演变出四段式、五段式甚至六段式、七段式教学。

体育教师无论采用几段式教学,均要服务于体育课堂教学活动的顺利进行及教学目标的达成。

第三节 小学体育教学方法的恰当选择与合理运用

在开展小学体育教学时,选择恰当的教学方法、合理地运用教学方法也十分重要。教学方法选择与运用得当,教学才能获得良好的成效。此外,教学方法不是固定不变的,而是会随着社会的发展以及新的教学思想和观念、新的教学目标等的出现而不断完善与更新。

一、小学体育教学方法的基本认知

(一)小学体育教学方法的含义

在小学体育教学过程中,体育教师为了顺利地实施教学任务、完成教学目标所运用的方式与手段,便是小学体育教学方法。小学体育教学方法既会影响教学的过程与结果,也会影响学生参与教学活动的积极性、主动性。

(二)小学体育教学常用的方法

小学体育教学方法有很多,常用的可大致分为以下两类。

1. 传统的小学体育教学方法

(1)讲解法

讲解法作为一种基础的语言教学方法,在小学体育教学中运用得最多也最广泛。事实上,在整个小学体育教学过程中,体育教师在需要对体育知识、体育技能或体育基本动作等进行说明时,就可以运用讲解法。

讲解法就是在体育教学过程中,体育教师借助于简单、形象的语言来向学生传授体育知识与技能的方法。由于体育教师运用这种教学方法可以使学生更容易地掌握体育运动的知识与技能,也有助于学生有效地参与体育教学活动,因而这种方法被认为是小学体育教学的基础,并能够配合其他的体育教学方法进行有效实施。

在小学体育教学中运用讲解法,不仅可以帮助学生在较短的时间内准确认识和快速掌握与体育有关的知识和技能,而且能使学生认识到参与体育运动的重要性并积极参与到体育运动之中,还可以对学生进行思想道德教育,使其形成良好的思想道德品质。小学体育教学中的讲解法要想实现上述目的,需要体育教师在运用的过程中特别注意以下几个方面。

第一,体育教师要依据教学实际来决定是否采用讲解法,因为不是所有的小学体育教学内容都适合使用这一方法进行教学。

第二,体育教师的讲解一定要有目的性,而且要保证讲解内容的客观性、准确性和全面性。

第三,体育教师在运用讲解法时,必须提前明确讲解的内容及其适用的讲解方式,还要注意根据学生的反应对讲解的语气、讲解的速度等进行调整,以便学生能真正理解和掌握所讲解的内容。

第四,体育教师在进行讲解时,要准确判断讲解的方式,即判断是需要精细讲解还是需要粗略讲解。小学体育课程教学的时间是有限的,若是不分重点地对所有教学内容都进行精细讲解,不仅会浪费课堂时间,还会导致学生因教师长时间的、喋喋不休的讲解而对教学活动失去兴趣。

第五,体育教师在进行讲解时最好配合一定的实践,以便讲解法能够取得更好的教学效果。

(2)问答法

在小学体育教学中,问答法的运用也是较为广泛的。问答法就是体育教师在开展小学体育教学的过程中,运用一问一答的方式来引导学生学习体育运动知识与技能的教学方法。

在采用这种方法开展小学体育教学活动时,可以使课堂气氛得到活跃,还可以对学生的独立思考能力和语言表达能力进行培养。要充分发

第八章 小学体育教学过程与方法的设计

挥问答法在小学体育教学中的积极作用,就需要在运用这一方法时特别注意以下几个方面。

第一,体育教师要尽可能用简短、明确的语言对问题进行描述,同时要告知学生尽可能用简短、明确的语言来回答问题。

第二,体育教师在提出问题后,要留给学生一定的时间进行思考。需要注意的是,体育教师给学生留的思考时间不能过长,否则既浪费课堂时间,也无法得到学生关于问题的最初想法。

第三,体育教师要认识到问题法并非随时都能应用,即问题法的运用是有时机要求的,不可盲目使用。

第四,体育教师在提出问题时,要注意逐步增加问题的深度,以便学生能够全面地思考问题,并认识到问题的本质。

第五,体育教师的提问应有针对性,即在面对不同的学生时,所提出的问题或是问题的深度等应有一定的差异。只有做到了这一点,才能保证所有学生都能从中有所收获。

(3)讨论法

在小学体育教学中,讨论法也是经常用到的一种体育教学方法。讨论法就是体育教师在开展体育教学的过程中,让学生以年级或小组为单位,针对某一问题进行充分讨论并得出结论的教学方法。

这种小学体育教学方法有助于活跃课堂气氛、调动学生的学习热情和学习积极性,还有助于培养学生的想象力、思维力和语言表达能力。此外,这种小学体育教学方法有助于学生认识到团队合作的重要性,继而积极培养自己的人际交往能力。要使讨论法在小学体育教学中发挥积极的作用,就需要在运用这一方法时特别注意以下两个方面。

第一,体育教师在组织学生进行讨论时,必须对讨论自由予以明确,以更好地掌握整个教学局面。体育教师若是给予学生过大的讨论自由度,很可能会导致学生的讨论超出教学范围。这样的话既浪费课堂时间,也无法收获理想的讨论效果。

第二,体育教师在学生进行讨论时,不能完全置身事外,要适时参与其中,以保证讨论的有效性。

(4)练习法

小学体育教学中的练习法,有完整练习法、分解练习法和领会练习法之分。

①完整练习法。体育教师在开展小学体育教学的过程中,直接对整套动作进行完整教授的方法,便是完整练习法。

　　这种小学体育教学方法能够保证体育动作的完整性和连续性,有助于学生形成完整的动作图式。要充分发挥完整练习法在小学体育教学中的积极作用,就需要在运用这一方法时特别注意以下两个方面。

　　第一,对完整练习法适用的教学情境进行明确界定。一般来说,适用完整练习法的教学情境主要有三个:一是教授结构比较简单且变化较少的体育动作时,可以运用完整练习法;二是教授结构比较复杂同时各部分又无法分割的体育动作时,可以运用完整练习法;三是教授学生难以接受的体育动作时,可以运用完整练习法。

　　第二,在运用完整练习法时,最好用一些必要的语言对学生需要练习的体育动作进行描述。这样做能够帮助学生更准确地把握体育动作的要领,继而切实掌握这一动作。

　　②分解练习法。当小学体育教学所涉及的体育动作较为复杂,无法一次性教给学生时,可在具体的教学过程中运用分解练习法。分解练习法就是体育教师在开展体育教学时,先对复杂的体育动作进行分解,然后先教给学生分解的动作,再在学生对分解动作进行准确把握的基础上教授一个完整体育动作的教学方法。

　　这种小学体育教学方法对复杂的体育动作进行了分解,因而学生在学习和掌握该体育动作时会变得相对容易。由于分解后的体育动作学习起来更为容易,因而学生在学习过程中很容易形成自信心。不过,这种小学体育教学方法也可能导致学生无法对完整的体育动作形成准确认知,自然也就无法准确地掌握完整的体育动作。基于此,要充分发挥分解练习法在小学体育教学中的积极作用,就需要在运用这一方法时特别注意以下两个方面。

　　第一,在对整体的体育动作进行分解时,要充分考虑到动作技术的特点,确保各个分解动作之间具有一定的连贯性。

　　第二,将整体体育动作进行分解后,各个分解动作在难易程度、地位方面是有一定差异的。在教授分解动作时,可先教授基础性的、简单的动作,再教授比较难的动作。

　　③领会练习法。领会练习法就是体育教师在开展体育教学的过程中,借助于简单明了的语言、文字、图片或视频等向学生传授体育知识

第八章 小学体育教学过程与方法的设计

和体育动作的教学方法。

这种小学体育教学方法能够促进学生进行独立思考,还因具有直观性特点而能够提高学生的学习兴趣。要充分发挥领会练习法在小学体育教学中的积极作用,就需要在运用这一方法时特别注意以下两个方面。

第一,要明确学生是否有能力进行独立思考,否则这一教学方法是无法发挥作用的。

第二,要重视对学生的注意力和专注力进行培养,以免学生被外在因素影响,无法专心参与教学活动。

(5)演示法

体育教师在开展体育教学的过程中,借助于挂图、图表、照片等一些具体、直观的教具和模型,让学生对体育知识和体育技能形成感性认识的方法,便是演示法。

这种小学体育教学方法能够使教学与生活联系在一起,对于学生学习情趣和学习动机的激发具有重要意义;能够帮助体育教师更直观地开展教学活动;能够帮助学生更直观地了解所学的内容,继而较为容易地掌握所学的内容。要充分发挥演示法在小学体育教学中的积极作用,就需要在运用这一方法时特别注意以下两个方面。

第一,要在恰当的时机使用演示法。演示法虽然是一种较为容易实施的教学方法,但并非适用于所有的教学情境。只有在恰当的时机使用这一方法,才能确保真正能够为小学体育教学目标的实现而发挥作用。

第二,要结合实际的教学情况,有效使用先进的教学用具。先进教学用具的使用既能够激发学生的学习兴趣和学习积极性,也能够促进教学不断取得良好的效果。

(6)动作示范法

体育教师在开展体育教学的过程中,通过亲身进行动作示范而帮助学生更为直观、清晰地了解和准确地掌握技术动作的方法,便是动作示范法。

这种小学体育教学方法有助于对体育动作的特点、结构、规范和要领等进行较为直观的展示,也能够有效激发学生的学习兴趣和学习积极性,帮助学生建立正确的动作表象等。要充分发挥动作示范法在小学体育教学中的积极作用,就需要在运用这一方法时特别注意以下几个方面。

第一,体育教师一定要带着明确的目的进行动作示范。只有做到了这一点,动作示范法在体育教学的运用中才能产生积极的作用。

第二,体育教师一定要进行正确、清晰且美观的动作示范。只有做到了这一点,学生才能准确地感知与掌握体育动作,继而获得准确的动作信息,保证模仿动作时的正确性。

第三,体育教师一定要注意选择恰当的位置和方位进行示范。只有做到了这一点,体育教师的动作示范才能被每一个学生都清楚地观察到。

第四,体育教师一定要配合语言讲解来进行动作示范。只有做到了这一点,动作示范法才能在体育教学中发挥出最大的效用。

(7)纠正错误动作法

小学生在参与体育教学活动时,出现一些错误动作是无法避免的。面对这一现实,体育教师要做的是在学生出现了错误动作后及时对其进行纠正,使其形成正确的动作。此时,在体育教学中运用纠正错误动作法往往能够获得良好的效果。

在小学体育教学中运用这一种教学方法,不仅有助于学生形成正确的动作认知、掌握正确的动作,而且能够在一定程度上帮助学生预防运动损伤,因为在体育运动中,错误动作引发运动损伤的可能性是很大的。还有一点,纠正错误动作法在小学体育教学中的有效运用,可以确保小学体育教学获得良好的成效。要充分发挥纠正错误动作法在小学体育教学中的积极作用,就需要在运用这一方法时特别注意以下几个方面。

第一,体育教师必须要尊重学生,必须要以此为前提对学生的错误动作进行纠正,切不可讥讽学生。

第二,体育教师必须要重视寻找学生出现错误动作的原因,然后进行有针对性的纠正,以确保学生以后不会再出现类似的错误。

第三,体育教师在面对学生的错误动作时,如果错误动作有多个,在进行纠正时要以主要的错误动作为主。当主要的错误动作得到纠正后,其他因主要错误动作而产生的错误动作也会得到纠正。

第四,体育教师要依据实际情况,采取多样化的错误动作纠正方式,如强化概念、降低难度、转移练习等,以保证错误动作纠正的有效性。

第八章　小学体育教学过程与方法的设计

2.创新的小学体育教学方法

(1)娱乐教学法

小学生通过参与小学体育教学活动,能够促进自身体质的增强,也能够提高自己的心理健康水平,培养自己良好的思想道德品质。由此可以知道,小学生必须积极参与体育教学活动。可事实是,很多小学生觉得体育课很枯燥,对体育教学活动也不感兴趣。针对这一现实,一项重要的举措便是提高体育课程和体育活动的娱乐性,吸引对体育活动不感兴趣的学生都积极参与其中。要提高体育课程和体育活动的娱乐性,可以借助于娱乐教学法来开展体育教学活动。

小学体育教学的娱乐教学法,不仅注重选择多样化的、具有娱乐性质的素材纳入体育教学内容中,而且注重通过合理地安排教学内容与教学组织形式,使学生对体育教学活动产生兴趣,继而积极地参与到体育教学活动中,主动地学习体育知识与体育技能,并在体育学习过程中收获快乐。这样,小学体育教学的目标与任务也能有效实现。

不可否认,娱乐教学法在小学体育教学中能够产生积极的作用,但也要看到其不足之处。比如,体育教师在运用这种体育教学方法时,需要花费更多的时间进行备课,也需要花费很多的精力去探寻体育技术动作中蕴含的娱乐因素,这使得体育教学的教学压力大大增加。因此,体育教师不能随意地使用娱乐教学法,只有在确定确实需要运用这一种体育教学方法,而且有运用这一体育教学方法的条件时,才能使用。另外,在使用这种体育教学方法时,不可只重视教学内容的娱乐性,而忽视培养学生的体育知识与体育运动技能、提升学生的运动能力等。

小学体育教学中的娱乐教学法有多种形式,其中最常用的是具有简单情节、便于实施的运动游戏。一般情况下,小学游戏教学内容所占比重,小学1、2年级游戏教学内容比重占30%;小学3、4年级游戏教学内容比重占18%;小学5、6年级游戏教学内容比重占12%。游戏教材选配的基本原则:要根据教学目标来选配教材,小学阶段的体育教学目标主要是兴趣的培养;要符合学生的身心发展特点;要具有教育意义;要具有可行性。

(2)情境教学法

所谓情境教学法,就是体育教师在课堂教学中创设一定的情境,引发学生对情境产生兴趣,继而积极主动地参与体育教学活动的教学方法。在当前的小学体育教学中,这一教学方法的运用十分普遍。

在运用情境教学法开展小学体育教学活动时,最为关键的是营造或创设具有情绪色彩的情境,并引导学生"入境",即让学生愿意在情境中学习体育知识与体育技能。此外,情境教学法在针对低年级的学生开展教学活动时,往往能够取得良好的效果。这是因为,低年级的学生还未形成较高的意识水平,能比较容易的引导他们"入境"。要想让学生"入境",关键是创设良好的情境,具体有以下几个方式。

第一,借助于生动的语言来创设情境。体育教师在创设情境时,要想有效激发学生的学习兴趣和学习欲望,必须要融入自身的思想与情感。因此,体育教师在开展教学活动时,要重视使用生动的语言对情境进行叙述,以引起学生的认同感,使其情绪会因教师语言描述的改变而发生变化。比如,在学生进行准备活动时,可对学生进行的动作练习进行适宜的解说。这能够使学生获得身临其境的感觉,继而自觉地参与到动作练习中。

第二,借助于实物来创设情境。有情、有景的活动教学,能使学生产生浓厚的兴趣,从而提高其学习的积极性和主动性,加深对所学内容的记忆、运用。直观教具、形象化的头饰是学生所喜爱的。教师在教学过程中可以有意识地加以运用,让学生达到一定的内心感受和情绪体验,从而使他们更积极地参与各项体育活动。如在立定跳远教学时,让学生戴上自己或教师准备的小白兔、小青蛙头饰,在"小河"里的"荷叶"上进行跳跃、"找家"比赛,这会将学生在练习中的兴趣充分调动起来,使他们能更加主动、积极地进行动作的学习。

第三,以生活展示情境。利用学生已有的生活经验创设生活情境,能激发学生的好奇心,调动学生学习的积极性,如在球类教学时,可组织学生观看世界杯赛的录像和电视,有意识地引入或创设具有情绪色彩和形象生动的具体场面,以加深学生的情感体验,从而使学生有兴趣地学、积极地学。在跑的教学时,可列举一些相关运动员刻苦训练的例子,使学生产生练习跑步的欲望。这比在学生具体练习时教师的指导、讲授,效果要好得多。

第四,以多媒体再现情境。运用多媒体教学,能展示丰富多彩、形式多样、声情并茂的画面。通过画面的展示能使学生对画面中的慢动作和

第八章　小学体育教学过程与方法的设计

分解动作看得一清二楚,从而激发学生更好地掌握动作要领。如在教前滚翻时,可利用多媒体软件把滚翻的过程演示给学生看,学生就会明白"圆"的东西最容易滚动,从而在学习中有意识地注意团身,更好地完成动作。

第五,以音乐渲染情境。音乐给人以振奋的感觉,可以把人带入特定的环境,会令学生在不知不觉中进入角色。教学中适时地引入适宜的音乐,会使学生的兴趣盎然、情绪高涨,学习气氛更加浓厚。如在"运送地雷"的游戏中,当学生在进行运送时适时地播放飞机的轰炸声、战场上的呐喊声,练习的气氛一下子就进入了高潮,比赛变得更激烈了。根据教材的特点适量地播放预选的乐曲,不仅可以调节课堂气氛,还能消除学生的疲劳,从而轻松而主动地掌握动作技能。如当学生进行武术动作的练习且感觉既单调又枯燥时选用一些民族音乐伴奏,不仅能使学生提高学习的积极性,还能增强对古老的中华武术的热爱之情,从而情不自禁地伸拳踢腿,提高自主参与的意识。

第六,以角色扮演的形式进入情境。低年级学生喜欢动物、好表现、善于模仿。在教学时让他们扮演自己喜爱的小动物进行学习、游戏,学生会在角色扮演的环境中体验到学习的乐趣,并自觉、积极地学习动作。如在教双脚跳时,让学生扮演一个个"小青蛙"来进行争当"青蛙王子"的活动,学生从扮演的角色中快乐地学习、练习动作,会显得乐此不疲。

(3)成功教学法

学生的自尊心和自信心是很强的,在体育教学过程中,当他们收获成功的体验时,便可能对体育学习产生更高的热情。这样一来,他们便会对自己的学习态度进行审视,从而树立正确的学习态度,更积极主动地进行体育学习,不断丰富自己的体育知识,提高自己的体育技能。但实际上,很多学生对体育活动不感兴趣,甚至是排斥体育活动。运用成功教学法开展体育教学活动,可在一定程度上改变这一情况。

成功教学法符合小学生的心理发展特点,因而运用于小学体育教学中能够获得良好的教学效果。体育教师在体育教学中运用成功教学法时,要促使其充分发挥出自己的作用,必须特别注意以下几个方面。

第一,要以学生的实际情况为依据,尽可能在教学过程中使学生获得成功的体验,这对于学生树立体育学习自信心是很有帮助的。

第二,要在可行且不会影响体育教学目标实现的前提下,适当地对体育技术的难度予以降低,以便学生能够较容易地掌握体育技术。这对于学生树立体育学习自信心、提高体育学习积极性具有积极意义。

第三,要注意在体育教学过程中营造轻松的氛围,这对于提高学生的体育学习积极性也有积极的作用。

(4)"小集团"教学法

"小集团"教学法是一种能够提高学生自主学习能力的教学方法,而且对于增强学生的意识和合作能力也有积极的作用。这是因为,"小集团"教学法就是让学生形成一定的小组,在小组中学习体育知识、练习体育技能等。

体育教师在体育教学中运用探究教学法时,要促使其充分发挥出自己的作用,必须特别注意以下几个方面。

第一,要根据学生的实际情况以及具体的教学内容进行合理分组。

第二,要引导学生之间进行有效的交流与合作。

第三,要引导学生及时对所学的内容进行反思,并对学生出现的错误进行及时纠正。

(5)合作学习法

所谓合作学习法,就是体育教师在开展体育教学时,将所有的学生按照一定的标准分成几个小组或是团队,引导他们树立共同的体育学习目标,并为了实现这一目标而进行既有分工又有合作的互助性学习形式。

体育教师在运用合作学习法来开展体育教学时,最为重要的是激发学生的责任感。要增加学生的责任感,需要体育教师引导其切实明确自己在小组或团队中所扮演的角色以及这一角色的重要性。

在小学体育教学中,合作学习法的使用也有一定的程序要求,具体如下。

第一,对学生进行分组。在分组前,要根据具体的教学内容来确定分组的标准,要保证分组的科学性。

第二,明确学习的目标。不同的小组由于成员在身心发展状态、运动能力和运动水平等方面存在一定的差异,因而确定的学习目标也应有所不同,但都需要与本组成员的实际情况相符合。

第三,明确学习任务。在明确了小组学习目标后,还需要引导小组

第八章 小学体育教学过程与方法的设计

成员根据目标来明确自身的学习任务。

第四,确定小组长。小组长应在小组成员推荐的基础上产生,而且小组长必须负起责任,带领所有的小组成员在合作的基础上进行学习,完成规定的教学任务。

第五,汇报小组的学习情况。在小组学习活动即将结束时,每组都要推举一个代表来对本组的整体学习情况进行汇报,通常包括各个小组成员的学习态度和学习问题,取得的学习成果和已经存在的问题等。对于各个小组提出的问题,体育教师要及时进行解答。如果小组合作学习存在不足或错误之处,体育教师也要及时进行指正。

(6)自主学习教学法

这种小学体育教学方法需要充分发挥学生的自主性,让学生在自主学习、自主锻炼的过程中掌握所学的体育知识与技能,并树立起终身体育的意识,培养终身体育锻炼的习惯。此外,这种小学体育教学方法充分考虑到不同学生的身心发展差异以及体育需求差异,因而能够使教学更具有针对性。

根据小学生体育学习的特点,对体育课程理念下的自主学习教学法的运用提出以下几项明确的要求。

第一,要明确学生自主学习的主体地位。学生只有认识到自己在教学中的主体地位,才能自主地进行学习。由于小学生的年龄还比较小,在自主学习的过程中很容易出现抓不住学习重点、注意力不集中等问题。此时,就需要体育教师发挥自己的主导作用,及时解决学生在自主学习过程中遇到的问题。

第二,要重视体育知识与技能的自主学习。学生只有自主地、积极地去学习体育知识与体育技能,才能不断完善自己的体育知识体系,提高自己的体育运动技能,为自身进行终身体育奠定良好的知识与技能基础。要想让学生自主地、积极地去学习,必须要引导学生认识到学习的重要性,而且要注意激发学生的学习兴趣。

第三,要注意自主学习目标的差异性。学生的实际情况不同、体育需求不同,进行自主学习的目标自然也要有所差异。只有保证自主学习目标的差异性或者说针对性,才能更有效地开展教学活动,从而确保每一个学生都能在自主学习过程中有所收获。

第四,要注意在学生自主学习的过程中培养其多方面的能力。为此,体育教师要引导学生进行自主学习,而且要引导学生在自主学习的过程中培养自己的自尊心和自信心、提高自己的情绪调节与控制能力、发展自己的思维能力和创新能力等。

(7)探究教学法

探究教学法就是在体育教学过程中,让学生自己去发现、分析和解决问题。学生在发现、分析和解决问题的过程中,能够学到很多的体育知识和体育技能。这种小学体育教学方法有助于发挥学生在教学中的主体地位,还能够培养学生的自主探究能力、问题分析与解决能力等。

体育教师在体育教学中运用探究教学法时,要促使其充分发挥出自己的作用,必须特别注意以下几个方面。

第一,探究目的必须要明确。探究目的是开展探究活动的重要依据,只有探究目的准确、恰当,探究活动才能顺利开展并取得理想的效果。若是探究活动与探究目的不相符甚至相违背,不仅会浪费教学的时间,还会损害学生进行探究学习的积极性。

第二,探究活动要与学生的知识水平相符合。要在对学生的知识水平进行充分考虑的基础上来开展探究活动,而且探究的内容应有一定的难度,以便激发学生进行探究学习的动力。

第三,学生探究的问题如果难度较大,则体育教师要及时引导学生对问题进行正确分析,并要鼓励学生坚持进行问题探究,直到解决这一问题。需要注意的是,体育教师在学生的自主探究学习过程中,不可代替学生进行探究活动。

第四,在学生进行自主探究学习的过程中,体育教师应及时根据学生的自主探究学习情况来提出一些问题,以保证自主探究学习的方向,确保学生的自主探究学习能够有所收获。

第五,体育教师要鼓励学生自己提出探究的问题,自主地考虑探究问题的方法与步骤等。

(8)发现式教学法

发现式教学法利用了学生的好奇心理,重在培养学生的研究性思维。在开展小学体育教学时,也可以运用这一教学方法,即体育教师向学生提供一些线索,学生以自身已有的体育知识和体育经验为依据,顺着线索进行探究,最终实现教学的目标。

第八章 小学体育教学过程与方法的设计

体育教师在小学体育教学中运用发现式教学法时,要促使其充分发挥出自己的作用,可以参照下面的程序实施。

第一,对问题情境进行创设。在这一过程中,要切实考虑到学生的知识水平和探索能力,并要注意激发学生的探索兴趣。

第二,对学习方法进行验证。在这一过程中,学生需要在反复练习的基础上来验证学习方法。

第三,组织讨论活动。在这一过程中,要注意引导学生说出自己在练习时所使用的方法以及在练习后所产生的体会等。

第四,掌握动作技能。在这一过程中,体育教师要积极发挥自己的引导作用,以便学生能够更快、更准确地掌握动作技能。

(9)启发诱导法

所谓启发诱导法,就是学生在体育教师的指导与启发下,自觉地进行学习与训练,并最终实现教学目标的教学方法。借助于这一教学方法开展小学体育教学活动,不仅能够使学生的主观能动性得到充分发挥,而且有助于增强学生对动作的感性认识,并通过体验该动作而实现创造性学习。

体育教师在小学体育教学中运用启发诱导法时,要促使其充分发挥出自己的作用,必须按照下面的程序实施。

第一,对学习内容进行展示。在这一过程中,要切实考虑到教学目标、教学内容以及学生的实际学习水平,确保展示的方式、展示的观察材料等能够取得最佳的效果。

第二,进行分组练习。在这一过程中,要先让学生对上一步所展示的学习内容进行认知观察。之后,体育教师再对学生进行分组,并要求学生在分组练习时对同伴的错误动作或行为进行纠正。

第三,组织小组讨论。在这一过程中,学生必须以体育教师提出的问题为依据,对动作方法进行讨论,直到找到正确的动作方法。

第四,进行反馈与总结。在这一过程中,要及时关注学生的反馈,并以此为依据对动作的相关知识进行总结,以帮助学生对动作形成正确的认知,并能准确地掌握与灵活地运用这一动作。

体育教师在小学体育教学中运用启发诱导法时,要促使其充分发挥出自己的作用,同时还必须注意以下两个方面。

第一,必须要以尊重学生的自主性为前提,强调体育教师对教学过程进行引导与点拨。

第二，必须要给予学生一定的空间和机会进行自主学习与探究，以确保学生的自主学习与探究能力能够不断得到提高。

（10）创造教学法

所谓创造教学法，就是体育教师在对学生原有知识水平进行准确认知的基础上，有针对性地对学生的创造性思维与潜力进行训练与挖掘，从而使学生的创造能力有所提升，并能够进行创造性学习的教学方法。

这一小学体育教学方法对于学生创新意识、创新思维和创新能力的培养都有积极的作用。比如，在对小学生开展"原地转向"教学时，可以引导学生自己动脑来进行方位识记。此时，有的小学生可能会通过在右手上印标记的方式来识记方位，有的小学生可能会通过在一侧袖口做标记的方式来识记方位，还有的小学生可能会通过在一只脚背上贴上贴画来识记方位，等等。总之，这样的教学方法有助于小学生掌握正确的转向，而且有助于培养小学生的创新意识。

体育教师在体育教学中运用创造教学法时，要促使其充分发挥出自己的作用，必须特别注意以下几个方面。

第一，要在对学生的身心发展状况和知识水平等进行准确把握的基础上来运用创造教学法。

第二，在学生进行创造性学习时，体育教师在必要的情况下（如出现了学习方向偏离的情况）要对学生进行一定的指导。

第三，要给予学生一定的空间和时间进行创造性学习。

第四，要及时对学生的创造性学习行为进行鼓励，以便学生能够更积极、主动地参与到创造性学习中。

二、小学体育教学方法的选择

（一）小学体育教学方法选择的意义

对于体育教师来说，正确而恰当地选择体育教学方法有着十分重要的意义，具体表现在以下几个方面。

第一，伴随着小学体育教学思想的发展与完善、小学体育教学活动的开展，小学体育教学方法也变得日益多样化。在面对多样化的小学体育教学方法时，体育教师只有根据教学的要求与实际，选择最为恰当的

第八章　小学体育教学过程与方法的设计

一种或几种,才能保证教学取得良好的效果。

第二,体育教师只有正确而恰当地选择体育教学方法,才能有效地行使其教育权利、履行其教育义务。

第三,体育教师要想保证体育教学方法选择的科学性与合理性,必须要了解可以运用于小学体育教学中的教学方法以及如何对体育教学方法进行选择。此外,体育教师在自己的教学实践过程中,需要以自己的教学实际和教学经验为依据,对新的体育教学方法进行探究。从这一角度来说,体育教学方法的选择对体育教师学习与科研能力的提升也有积极的意义。

(二)小学体育教学方法选择的依据

体育教师对小学体育教学方法的选择并不是盲目的,而是有一定的依据。只有明确了该依据,所选择的小学体育教学方法才有可能是科学的、恰当的,继而在小学体育教学中发挥积极的作用。

1. 小学体育教学的指导思想

在选择小学体育教学方法时,小学体育教学思想是必须要依据的一个重要因素。也就是说,在不同的小学体育教学思想指导下,选择的小学体育教学方法也应有所区别。这就决定了体育教师在对小学体育教学方法进行选择时,要考虑到已有的小学体育教学指导思想,也要考虑到不断出现的、前沿性的小学体育教学指导思想。

2. 小学体育教学的目标与任务

在开展小学体育教学时,不论是教学的起点还是教学的终点,都是小学体育教学目的。要实现小学体育教学的目标,又必须完成好小学体育教学的任务。此外,要实现的小学体育教学目标与教学任务不同,对学生的要求也会有所不同,所选择的教学方法自然也应有所差异。也就是说,在选择小学体育教学方法时,小学体育的教学目标与教学任务是必须要考虑的一个重要因素。比如,小学体育教学目标和任务若是让小学生建立初步的动作定型,那么在选择教学方法时,讲解法、练习法、动作示范法、启发诱导法等都是可以运用的教学方法;小学体育教学目标和任务若是要促进小学生交际能力的提升,则讨论法、合作学习法、"小集团"教学法等都是可以运用的教学方法。通过上面的讨论可以知道,小学体育教学的目标与任务是影响小学体育教学方法选择的重要因素之一。

3. 小学体育教学的内容

在开展小学体育教学时,一个重要的参考便是小学体育教学内容。小学体育教学的内容不同,所能够实现的教学任务和教学目标也会有一定的差异,所需要运用的体育教学方法自然也会有所区别。也就是说,体育教师在选择小学体育教学的方法时,小学体育教学内容是必须要考虑的一个重要方面。比如,在对有较高连贯性要求、需要在较短的时间内完成的体育动作进行教学时,完整教学法是比较恰当的教学方法;在对有较高技术要求的篮球运动进行教学时,领会教学法、练习法、合作学习法等都是能够有效实现教学任务的教学方法。

4. 小学生的身心发展状况

在小学体育教学中运用一定的教学方法,主要是帮助体育教师有效地开展教学活动,帮助学生积极主动地参与体育学习活动,从而丰富学生的体育知识、提高学生的身心发展水平。因此,学生的身心发展状况也是选择小学体育教学方法时必须要考虑的一个方面。具体来说,体育教师在这一过程中需要考虑的学生身心发展状况主要涉及以下几个方面:一是学生的性别与年龄,二是学生的身体状况,三是学生的智力发展状况,四是学生的学习能力与学习水平,等等。

5. 体育教师自身的素养

体育教师作为小学体育教学的主导者,在整个体育教学过程中,不仅要帮助学生形成较为系统的体育知识体系,而且要引导学生对多种运动技能进行有效掌握与灵活运用。此外,体育教师在开展体育教学活动时,还需要重视对学生的身心素质进行有效的培养,使学生成长为身心健康发展的人。体育教师要完成上面提到的这些任务,必须要借助于体育教学方法的作用。由于体育教学方法的选择与运用情况会受到体育教师自身素养的直接影响,因而要切实依据体育教师自身素养的实际情况来对体育教学方法进行选择与运用。

第八章 小学体育教学过程与方法的设计

6. 小学体育教学环境

这里所说的小学体育教学环境,主要涉及三个方面的内容,具体如下。

第一,小学体育教学的空间条件,如体育教学的场地。

第二,小学体育教学的设施设备,如小学体育教学的器材、小学体育教学的教材。

第三,小学体育教学所需的时间。

要充分发挥小学体育教学方法在教学中的积极作用,必须保证所选择的小学体育教学方法有适宜的教学环境条件支持。否则,所选择的小学体育教学方法会因与教学环境条件不相符而无法发挥积极的作用。

7. 体育教学方法本身的特性

在小学体育教学中,恰当的体育教学方法的选择与运用,对于保证小学体育教学的质量具有积极的意义。每一种小学体育教学方法所具有的功能都是独特的,其运用也有一定的条件与范围要求。一旦和特定的条件与范围相违背,小学体育教学方法便无法发挥自己的价值。此外,小学体育教学方法不同,对教学时间的要求也会有所不同,所能够达到的教学效果也是有所差异的。因此,体育教师只有对小学体育教学方法本身的特性予以准确了解与认知,才能确保所选择的小学体育教学方法具有科学性和可行性等。

三、小学体育教学方法的运用

(一)小学体育教学方法运用的原则

体育教师在开展小学体育教学活动时,要想取得良好的体育教学效果,必须要重视对体育教学方法进行有效的运用。在具体的运用过程中,必须遵守以下几个原则。

1. 目标性原则

小学体育教学目标的实现,必须要借助于一些有效的体育教学方法。同时,某一小学体育教学方法的运用,也是为了实现某一特定的小学体育教学目标,这便是小学体育教学方法运用的目标性原则。

在具体运用小学体育教学方法时,体育教师要有效地贯彻目标性原则,必须特别注意以下两个方面。

第一,要在对小学体育教学目标进行准确把握与深刻理解的基础上,选择恰当的体育教学方法运用于体育教学中。

第二,在运用小学体育教学方法的过程中,要积极探索如何借助于体育教学方法来促进体育教学目标的实现。

2. 适宜性原则

没有一种体育教学方法是万能的,也就是说每一种体育教学方法都有其相适应的教学环境和对象群体。因此,体育教师在运用小学体育教学方法时必须要遵循适宜性原则。体育教师要在运用教学方法时有效地贯彻这一原则,可从以下两方面着手。

第一,体育教师要在对学生的身心发展状况、知识水平、运动能力等进行全面了解与准确把握的基础上来运用体育教学方法。否则,体育教学方法会因与学生的实际情况不符而无法取得理想的教学效果。

第二,体育教师要在对自身的身心特点、综合素养等进行准确认知的基础上,选择与自身实际情况相符合的体育教学方法。否则,体育教师将无法使体育教学方法的优势与价值得到最大限度的发挥。

3. 有效性原则

小学体育教学方法不同,其教学步骤、对教学时间的要求等也会有所不同,所能够达到的教学效果也是有差异的。如果某一种小学体育教学方法的运用需要花费过多的时间,而且无法保证其运用能够获得良好的教学效果,则这一种小学体育教学方法是缺乏有效性的,不能将其运用于小学体育教学实践中。

4. 多样化原则

小学体育教学有着多样化的内容,学生在身心发展特点、体育知识结构、运动需求、运动能力与运动水平等方面也有较大的不同,这些都决定了小学体育教学方法应该是多种多样的,不能仅仅局限于某一种小学体育教学方法。这便是小学体育教学方法运用的多样化原则。

第八章 小学体育教学过程与方法的设计

事实上,体育教师在开展小学体育教学时,对多种有效的教学方法进行综合使用,能充分发挥多种体育教学方法的优势,并尽可能避免每种体育教学方法的不足。同时,多种有效体育教学方法的综合运用,可以使体育教学方法在体育教学实践中发挥出积极的作用,确保小学体育教学的质量与效率。因此,体育教师在开展小学体育教学活动时,选择多样化的体育教学方法是很有必要的。

(二)小学体育教学方法运用的注意事项

1. 运用体育教学方法要坚持启发性

体育教师在对小学体育教学方法进行运用时,一个重要的指导思想便是坚持启发式教学,即要注意发挥体育教学方法所具有的启发性作用。这对于激发学生的体育学习兴趣,培养学生独立思考、分析和解决问题的能力,拓展学生的思维活动等是极有帮助的。

2. 运用体育教学方法要树立整体优化的观点

体育教师在对小学体育教学方法进行运用时,要注意对多种有效的体育教学方法进行组合与优化,并要确保组合与优化后的体育教学方法整体能够发挥出最大的作用。

3. 运用体育教学方法要有针对性

体育教师在对小学体育教学方法进行运用时,要充分考虑到具体的教学内容、实际的教学条件、自己的教学水平以及学生的体育需求等。也就是说,必须要有针对性地运用小学体育教学方法。

4. 运用体育教学方法要有灵活性

体育教师要依据实际的教学情况对小学体育教学方法进行灵活性地变化。体育教师在开展小学体育教学时,要想充分调动起学生的学习兴趣和学习积极性,继而确保教学取得良好的成效,一个有效的措施便是避免采用单一枯燥的教学方法。基于此,体育教师在开展小学体育教学时,要选择更有助于激发学生体育学习兴趣和学习积极性的教学方法。在这一过程中,体育教师必须充分考虑到学生的实际情况,并积极创造有助于创新性体育教学方法运用的教学环境。

5.运用体育教学方法要有创新性

小学体育教学方法并不是一成不变的,而是会随着时代的发展、教学理论的不断丰富以及小学体育教学改革的不断深入而发生一定的改变。因此,体育教师在开展小学体育教学时,要想不断取得良好的教学成效,就必须重视以实际的体育教学情况为依据,对体育教学方法进行创新。小学体育教学方法的创新,对于小学体育教学改革的进一步深化也有积极意义。

6.运用体育教学方法要有综合性

一种体育教学方法在功能方面、适用条件方面、可以实现的教学效果方面等是有一定不同的。因此,体育教师在开展小学体育教学时,若仅仅使用某一种体育教学方法,往往无法取得理想的体育教学效果。为此,体育教师必须在自身能力的范围内,准确地掌握多种体育教学方法,并依据实际的教学环境以及学生的实际情况等,对多种体育教学方法进行优化组合,以便获得最佳的教学效果。

第九章 小学体育教学媒体的设计

随着信息技术的发展，出现了集文字、声音、图像、动画、视频等于一身的多种现代媒体技术。在现代媒体技术的支持下，很多小学学校已建设了多媒体教室、未来教室，甚至开始建设慕课（MOOC）。通过这些手段的运用能够借助于声音、图像、影视、动画等多样化的形式，使枯燥的课堂教学变得精彩、有趣；能够方便师生之间随时进行广泛、深入的交流；能够打破时空界限，为学生提供更多的学习机会，并有效激发学生的学习积极性和主动性，培养学生的创造精神和实践能力等。本章将对小学体育教学媒体及其设计的相关内容进行详细阐述。

第九章　小学体育教学媒体的设计

第一节　小学体育教学媒体的基本认知

一、教学媒体

(一)教学媒体的含义

教学媒体的含义有狭义和广义之分。从狭义上来看,教学媒体指的是幻灯、投影、录像、计算机等现代化教学工具,以及黑板、教科书、图片等传统教学工具;从广义上来看,教学媒体除了狭义的教学媒体外,还包括讲授、参观、实验和讨论在内。

教学媒体是承载和传播教学信息的中介,以优化教学效果为目的。因此,在对教学媒体进行使用时,要以实现教学目标为前提。

(二)教学媒体的类型

以教学媒体作用于人体的感觉为依据,可以将其细分为以下几类。

1. 视觉媒体

视觉媒体指需要用眼睛看的媒体,学生通过观察这些媒体进行学习。黑板模型、图片、幻灯片、投影仪、教材、参考书、词典、卡片、展板等都是创建的视觉媒体。视觉媒体通常又可以分为投影类视觉媒体和非投影类视觉媒体。

投影类视觉媒体的优点是,直观性强,投影器的光很强,普通室内光线下便可播放使用;可被投影的材料较为丰富;教师可以自制投影片,操作简单,携带轻便。投影类视觉媒体的缺点是,投影效果在很大程度上取决于媒体的质量;是为大班教学而设计,一般不用于个别化学习。

非投影类视觉媒体的优点是,学生可自主学习,课程材料可以按不同的方式进行设计,以便进行个别化教学或自学;使用方便,制作成本低;教科书、学术著作权威,信息容量大。非投影类视觉媒体的缺点是,信息不能及时迅速传播，只是一种静止的状态，不能呈现运动的画面；抽象程度较高。

2. 听觉媒体

听觉媒体指需要用耳朵听的媒体。学生通过听觉获得相应的信息来进行学习，如录音机、收音机、广播、唱片、复读机、MP3等。

听觉媒体的优点是，价格低；容易得到，使用简单、方便；有视觉障碍的学生可借助听觉媒体进行学习；可以提供比印刷材料更富戏剧性的口头信息；较为普及，使用场合受限较小；便于复制传播。

听觉媒体的缺点是，呈现顺序固定，学习形式单一；学生注意力不易长时间集中；教师制作的听觉材料质量难以保证。

3. 视听媒体

视听媒体指的是需要眼、耳并用的媒体，如电影、电视、录像机、可视电话等。

视听媒体的优点是，可同时作用于两种感觉器官，以提高学生的学习效率；能增强学习效果，克服学习中的局限性，增加对学生的感染力；可直接向学生提供案例学习材料；可以把教师的教学顺序和学生的认识过程有机地结合起来。

视听媒体的缺点是，信息是单向传播的，反馈效果较差；学生在行为上比较被动，消极接受学习；所有学生接收的信息是相同的；设备昂贵。

4. 综合媒体

综合媒体指的是需要用到多种感官的多种信息流向的媒体，如幻灯—录音组合系统、多媒体课件等。

综合媒体的优点是，有利于激发学生的学习兴趣，激发学生运动的动机；可进行个别化教学，为学生提供一个积极有效的学习氛围，特别是对那些后进的学生作用更大；教师和学生可以自由使用和支配更多的信息资源。

综合媒体的缺点是，设备昂贵，使用及保养较为困难；缺乏高质量的教学软件，不利于培养学生的创造性及解决问题的能力；为进行计算

第九章 小学体育教学媒体的设计

机辅助教学,教师必须事先接受相关的计算机技术培训等。

(三)教学媒体的功能

教学媒体的功能,具体来说有以下几个。

第一,教学媒体有助于教师展现事实,帮助学生获得直接经验。图片能使学生更容易认知事物形态,视频能使学生更加直观地了解事实真相和科学现象等。比如在理论课上给学生呈现场地的设计图,让学生能够更容易理解场地各个部分的构成;通过视频,让学生更直观地了解血液的循环、器官的构成等。

第二,教学媒体有助于教师创设情境,建立共同经验。教师可根据教学需要,利用媒体呈现相关情节、现象的或真实或模拟的场面,创设情境,激活学生已有的知识,帮助学生建立共同经验。比如在实践课堂上,教师可以通过标志桶设置各种障碍,让学生模拟比赛的情景进行练习。

第三,教学媒体有助于教师提供示范,便于学生进行模仿。教学媒体可以提供一系列标准的行为模式,方便学生练习和模仿。比如,运用软件视频教程,再加上教师的课堂指导,既可以避免教师的重复劳动,还可以带来更好的教学效果。

第四,教学媒体有助于教师呈现过程,解释原理。教学媒体可以呈现某一典型事物运动、成长、发展的完整过程,帮助学生理解典型事物的特性、发生和发展过程及其规律和原理。特别是电视、录像、计算机等教学媒体,可以向学生提供一些特别典型的视频资料,从而在一定程度上优化我们的教学过程。

二、小学体育教学媒体

(一)小学体育教学媒体的含义

小学体育教学媒体是在小学体育教学中承载、传递教学信息的载体或工具。从传统意义上讲,小学体育教学的媒体主要是场地、器材、挂图。但随着教学改革的推进、媒体的发展,在小学体育教学中运用的媒体种类也逐渐增多,主要有场地、器材、挂图、展板、投影、音乐、视频、电脑、网络多媒体等。教师也是一种媒体,如教师通过自身的语言、肢体动作、眼神等传递各种信息,但在教学中所涉及的媒体主要是物质的,如场地、器材、任务卡等。因此,本章所提及的小学体育教学媒体主要是指物理性的教学媒体,如场地、器材、幻灯片、视频、音乐、网络媒体等,不包括教师的语言及动作示范。

(二)小学体育教学媒体的类型

小学体育教学媒体和教学媒体在分类上并没有太大的区别,但考虑到小学体育学科的特性,在教学媒体分类的基础上,增加了一种新媒体,即本体感觉媒体。本体感觉是指肌腱、关节等运动器官本身在不同状态(运动或静止)下产生的感觉(如人在闭眼时能感知身体各部位的位置)。在小学体育教学中,学生在学习运动技能的过程中,更多地需要通过本体感觉这种媒体来感受、学习相关的运动技能。

(三)小学体育教学媒体的功能

小学体育教学媒体的功能,具体来说有以下几个。

1. 小学体育教学媒体能够对教学时空进行调节

在小学体育教学媒体中,视频、幻灯和投影可以对小学体育教学的时空进行调节。具体来看,视频往往可以通过逐格摄影与高速摄影技术,以及特效制作、放映设备的慢放与快放将缓慢变化和高速运动的事物清晰地表现出来,进而改变运动中人与物的时间特性,如足球比赛中的射门动作可以通过逐格摄影变成慢动作,可以让学生清晰地看到射门的动作路线;视频还可以通过镜头的调度,采用远景、全景、近景、特写,或利用镜头的推、拉、摇、移、跟等方式,有效地从各角度、侧面来表现运动物体的方位、距离、运动轨迹等空间特性。幻灯和投影等也可以在一定程度上具备视频的类似特性,如可通过图片、视频、动画等特效呈现教师的多方位示范,以满足不同站位、不同角度学生的观察所需。

2. 小学体育教学媒体有助于学生更直接地参与体育教学活动

在小学体育教学开展过程中,幻灯、投影可以根据需要进行组合,播放时不受时间限制,直到学生弄懂为止。录音、录像能暂停、重放、快放,学生可以根据理解情况进行选择。同时,在幻灯、投影放映过程中,师生之间可进行问答、讨论,学生能直接参与教学活动。

3. 小学体育教学媒体能够提高信息具体或抽象的程度

小学体育教学媒体能够提高信息具体或抽象的程度。具体来看,视频以活动的图像呈现事物的变化过程和动向,可以采用接近实物的形式逼真、系统地再现原因、经过和结果,对事物的运动形式、空间位移、相互关系及形状变化等都具有很强的表现力。录音能提供语言材料,有利于阐明抽象的概念;幻灯、投影能提供具体事物的图像;电影、电视和计算机能同时用图像、语言、文字提供信息。在体育教学中,运用视频不仅能表现事物的运动和变化过程,而且能让学生了解体育活动的真实场景以及回顾事件,可以借此来培养学生的健康意识、体育品德等。

第二节　小学体育教学媒体的设计

小学体育教学媒体虽然与其他学科的教学媒体有相同之处,但也有自身的特点,特别是在实践课教学中,场地器材的选择、设计与布置对教学效果起着至关重要的作用。因此,在开展小学体育教学活动时,要想取得理想的效果,必须重视小学体育教学媒体的设计。

一、小学体育教学媒体设计的含义

为了达成小学体育教学目标,选择合适的媒体,科学安排媒体的使用时机、方式,并把构思用符号(文字、图片等)呈现出来的过程,便是小学体育教学媒体设计。

体育教师在开展小学体育教学时,要想增加教学活动的生机与活力,提高对小学生的吸引力,就必须重视小学体育教学媒体的设计。

二、小学体育教学媒体设计的依据

小学体育教学媒体设计的依据,具体来说有以下几个。

(一)小学体育教学的目标

在设计小学体育教学媒体时,体育教学目标是必须要考虑的一个方面。在小学体育教学中,不同类型课的目标不同,同一主题在不同年级的教学目标也存在差异,这就决定了在对小学体育教学媒体进行设计时,必须要依据具体的体育教学目标来进行。比如,一年级的体育课安全常识与六年级的体育课安全常识,虽然目的相同,都是为了让学生能够安全、健康地参与体育课的学习,但目标不同。根据课程标准的要求:一年级的目标应侧重让学生知道体育课上要穿合适的运动服装,课前要做充分的准备活动等;六年级的目标应侧重让学生学会运动损伤(扭伤、磕伤)的预防与简易处理方法,这些目标的有效达成是需要借助不同的教学媒体来实现的。

(二)小学体育教学的内容

在小学体育教学中,教学内容不同,其传播的途径或采用的工具是不同的。也就是说,必须要根据小学体育教学的内容来进行小学体育教学媒体设计。比如,理论课中,欣赏类的内容多采用视频媒体,而基本常识类的可以选择幻灯片、教科书、动画、视频等多种媒体。在实践课中,动作的示范既可以由教师、学生来完成,也可以借助图片或大屏幕来呈现。

(三)小学体育教学的对象

在进行小学体育教学媒体设计时,教育对象是必须要考虑的一个重要因素。由于不同年龄段的学生对事物的理解、接受能力存在差异,因此教师在选择教学媒体时,应充分考虑学生的能力起点与经验,如智力、认知结构、兴趣、偏好、年龄和学习经验等。依据戴尔的"经验之塔"理论(图9-1),低年级的学生在学习的过程中需要较具体且能从做中学的经验,因此媒体应更直观一些,有利于学生模仿、观察以及从做中学。

第九章 小学体育教学媒体的设计

另外,小学生注意力不容易长时间集中,因此教师也需要通过多种媒体来吸引学生的注意力。

（四）学校的教学条件

在进行小学体育教学媒体设计时,也必须考虑到学校的实际教学条件。学校的教学条件主要包括学校的经济状况、师资水平、硬件设施、管理水平及班级的大小、教室的物理环境等,特别是学校的经济状况、硬件设施与师资水平对教学媒体的选择影响较大。比如,在上运动欣赏课时,教师希望给学生播放一些录制的视频或组织学生观看网络现场直播,但学校仅有的多媒体教室难以支持。再如,如果学校的设备很先进,学校有充足的资金支持,但教师不具备使用新设备的能力,或没有使用现代多媒体的意识,同样在选择媒体时也会受到局限,进而使已有的教学媒体发挥不了应有的价值。

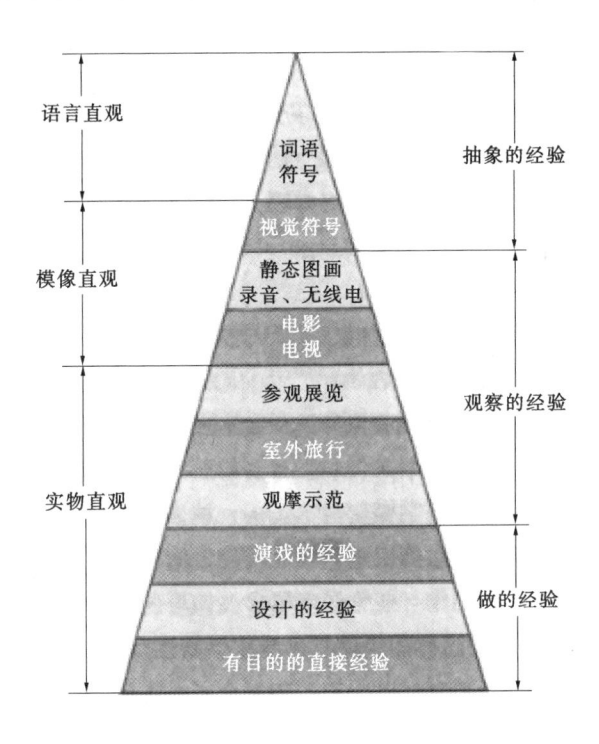

图9-1 "经验之塔"理论

三、小学体育教学媒体设计的原则

在进行小学体育教学媒体设计时,除了要遵守以上设计依据,还需要遵守以下几个设计原则。

（一）实用性原则

小学体育教学媒体设计的实用性原则,指的是在设计小学体育教学媒体时,要充分考虑到其实际的使用价值,不花哨,不做作,不浪费。比如,在一些公开课上,体育器材的使用就出现了一些不实用的现象,如为了热身活动,让每一个学生都有一个呼啦圈,但在之后的教学环节中,呼啦圈却没有被再次利用。

（二）综合性原则

小学体育教学媒体设计的互补性原则,指的是在设计小学体育教学媒体时,要注意对多种教学媒体进行综合运用,充分发挥其整体效应。各种教学媒体都有其优势和不足,有时一种媒体的不足可以由另一种媒体的优势来弥补。因此,综合使用多种教学媒体,可以取长补短,实现优势互补,充分发挥教学媒体的整体功能,满足教学过程中的各种需要。

（三）效益性原则

小学体育教学媒体设计的效益性原则,指的是在设计小学体育教学媒体时,要确保其有利于提高小学体育教学效率。体育教师要考虑,在小学体育教学过程中,在采用某些教学媒体后,完成同一教学内容的时间是否减少,教学取得的效果是否一样。体育教师要选择既能达到最佳教学效果且成本又低廉的教学媒体。

（四）可操作性原则

小学体育教学媒体设计的可操性原则,指的是在设计小学体育教学媒体时,要确保其具有可操作性。设计的小学体育教学媒体不仅要符合学生的认知水平,还要符合学校的实际情况,体育教师运用起来也要能得心应手。比如,从未用过多种器材布置场地的教师,让他在一次课

第九章 小学体育教学媒体的设计

中运用"绳梯、小跨栏、跳高架、标志盘"设计教学,虽然学生的兴趣会暴涨,但是教师课堂的组织能力、器材的使用能力却不一定能达到要求。如果达不到要求,多样化器材的使用就会因缺乏操作性而达不到应有的效果。

（五）最优化原则

小学体育教学媒体设计的最优化原则,指的是在设计小学体育教学媒体时,要注意从综合考虑的视角最大限度地发挥各个媒体的功能,以期达到最优的效果。这一原则是设计小学体育教学媒体的根本原则。它要求从整体上来考虑教学媒体的设计,注意教学过程中的各种因素,协调教学媒体与各教学环节的关系,使教学媒体为教学服务,在教学过程中发挥最大的效应。一般来讲,多种媒体优化组合比用一种媒体的教学效果要好,这样既可以发挥各种媒体的优势,又可以调动学生多种感官参与学习活动,从而提高学习效率和学习效果。

（六）创新性原则

小学体育教学媒体设计的创新性原则,指的是在设计小学体育教学媒体时,不能单一地去模仿,要有新意,要注重自主创新与研发。比如,体育教师根据学生学习能力的不同改造现有的场地、器材的规格,或者利用废旧物品制作一些简易的器材,如彩色论坛、玲珑纸球、矿泉水瓶"手雷"等,在小学体育教学中运用这样的媒体均可看作创新性行为。

四、小学体育教学媒体设计的步骤

在进行小学体育教学媒体设计时,可以遵循以下几个步骤。

第一,描述教学媒体要求。在教学目标、教学内容、教学对象已经确定的情况下,教师在考虑教学的流程、方法和组织形式等其他策略因素时,已基本形成了对所需媒体的期望。最后对这种期望的具体化,即描述教学媒体的要求。

第二,运用流程图。小学体育教学媒体选择的流程图可以根据自身的需要进行设计。在完成流程图之后,体育教师将可以选择一种或一组合适的体育教学媒体。

第三,做出最佳选择。在选择的一组教学媒体中,往往还存在一个最佳选择的问题。在小学体育教学媒体设计实践中,这种最佳选择的得出需要考虑实际因素,如可能性、成本、便利性、师生偏爱等。

第四,具体运用教学媒体。选择教学媒体的目的是为了在教学中运用,但要把知识点、学习水平与教学媒体的关系及教学媒体的运用方式表达出来作为实施教学过程的参考。

第三节　小学体育教学媒体设计的呈现

在进行小学体育教学媒体设计时,不仅要重视选择适宜的教学媒体,还要注意与各个教学环节、知识点相关联,并将全局或局部呈现出来。这样既有助于体育教师推进教学进程,也可以让学生依据此设计协助体育教师布置教学场景或准备教具等。

一、小学体育理论课教学媒体的呈现

在小学体育理论课教学设计中,教学媒体的设计主要呈现在教具或教学准备部分和课时计划部分。

大多数体育教师选择在课的设计部分呈现教学媒体,主要体现在体育教师需要对哪些教具进行准备。其主要以文字的形式进行呈现,即通过简单、直接的文字阐述在教学中运用什么教学媒体,如幻灯片、视频、音频等。

除此之外,还可以在课时计划部分呈现教学媒体。该部分教学媒体的呈现主要以文字的叙述和图表式为主,通过文字的叙述和图表的形式阐述教学媒体在课时计划中的具体运用,即在教学某个环节用什么媒体。特别是图表,能直观地表达教学媒体在理论课教学中的意图,一目了然。

第九章 小学体育教学媒体的设计

二、小学体育实践课教学媒体的呈现

在小学体育实践课教学设计中,教学媒体设计主要呈现在课的设计部分和教学计划部分。在课的设计部分,有些体育教师会将场地器材单独呈现。此部分主要对场地的保障、安全,以及器材的种类和数量进行说明。在实践课教学过程中教师应针对不同体育项目的教学选择不同的器材种类,确定其数量,从而保证实践课教学正常进行,合理达成教学效果。在教学计划部分,教学媒体设计主要是在器材的摆放和布置方面。教学器材的摆放要在安全的前提下充分为教学所服务。场地器材的布置应遵循最节省、最安全、最合理、最有效的"四最原则"。布置应考虑"布局、高低、顺序"的细节,尽量做到"一物多用、多物一用"。

此外,小学体育实践课教学媒体的呈现方式,除理论课教学媒体呈现方式中提及的文字式和图表式外,在实践课中还有综合式。综合式既有图表的直观显示,又有文字对图表的具体阐述,这种方式能使体育教学中复杂的内容得以清晰地呈现。

第十章 小学体育教学评价的设计

要明确小学体育教学的效果，就必须借助于评价这一重要的工具。因此，开展小学体育教学设计时，评价设计也是一项重要的内容。小学体育教学评价设计的情况，既会影响小学体育教学的效果，也会影响小学体育教学的未来发展。

第十章　小学体育教学评价的设计

第一节　小学体育教学评价的基本认知

一、小学体育教学评价的含义

依据一定的价值、理念、目标,运用科学的方法和手段,对小学体育教学的目标、内容、方法、过程和效果等进行一系列客观、科学的价值判断的活动,便是小学体育教学评价。

在开展小学体育教学评价时,必须围绕着一定的目的来进行。也就是说,小学体育教学目标必须要有一定的目的,即评价者在开展小学体育教学评价之前就要设想或规定小学体育教学评价活动所要达到的效果或所要取得的结果。其不仅对整个小学体育教学评价过程起着指导和支配的作用,而且在很大程度上规定了小学体育教学评价的发展方向。

对于小学体育教学评价来说,其目的主要有以下几个。

第一,客观、准确地评价体育教师的教学效果和学生的学习效果,确保小学体育教学活动能够与学校体育课程标准相符合。

第二,改革小学体育教学的现状,形成更有效的小学体育课程,实现素质教育的目的。

第三,优化小学体育教学的各个构成要素,不断提升小学体育教学的效果。

二、小学体育教学评价的重要性

小学体育教学评价的重要性是不容置疑的,对此可从以下几个方面进行具体分析。

(一)推动小学体育教学改革的进一步深入

通过小学体育教学评价的结果,体育教师可以对自己的教学情况进行反思,明确自己在教学中的优势与不足。在此基础上,体育教师会进一步分析自己在教学中的不足,并采取有效的措施对此进行弥补。这样一来,体育教师的教学水平会不断提升。随着体育教师教学水平的提升,体育教学改革也能进一步深入并取得新的成果。从这一角度来说,积极开展小学体育教学评价能够推动小学体育教学改革的进一步深入。

（二）提升体育教师的专业化水平

在对小学体育教学进行评价时,一项重要的内容便是体育教师的教学水平评价。因此,通过开展小学体育教学评价可以使体育教师对自身有更为清晰的认知,继而不断丰富自己的专业知识,提高自己的专业技能,最终实现自身的专业化发展。从这一角度来说,小学体育教学评价有助于提升体育教师的专业化水平,具体表现在以下几个方面。

第一,科学的小学体育教学评价设计能够帮助体育教师进一步明确自身的职责,继而更有责任感地开展体育教学活动。

第二,科学的小学体育教学评价设计能够帮助体育教师切实明确体育教学的方向以及指导思想,并在此基础上选择更为恰当的教学策略和教学方法,确保体育教学工作的针对性、有效性和创造性。

第三,科学的小学体育教学评价设计能够帮助体育教师准确地把握自己的教学优势和不足,继而有针对地进行弥补。

（三）提高学生的体育运动水平

小学生在参与体育教学活动的过程中,明确其体育运动水平是否得到了有效提高,必须借助于一些有效的方法进行衡量。其中,一个重要的方法便是小学体育教学评价。之所以说小学体育教学评价有助于提高学生的体育运动水平,原因有以下几点。

第一,科学的小学体育教学评价有助于体育教师对学生的学习情况进行全面、准确的了解,明确学生的学习优势以及存在的不足,继而有针对性地调整或改变体育教学的各个要素,确保学生的体育教学能够获得良好的成效。

第二,科学的小学体育教学评价有助于学生对自身进行全面的认知,了解自己的运动优势与不足,继而发挥优势,采取有效的措施弥补

第十章 小学体育教学评价的设计

不足,以切实提高自己的体育运动能力。

第三,科学的小学体育教学评价有助于提高学生的学习积极性,使学生更主动地参与到体育学习中。

三、小学体育教学评价的原则

要充分发挥小学体育教学评价的作用,实现小学体育教学评价的目的,就需要在评价过程中遵守以下几个原则。

(一)方向性原则

在开展小学体育教学评价时,要确保其能够引导小学体育教学向着正确的方向发展,这便是小学体育教学评价的方向性原则。小学体育教学评价要有效地贯彻这一原则,需要做好以下几方面的工作。

第一,小学体育教学评价要能够为体育教师的体育教学工作指明前进的方向,即小学体育教学评价要有助于体育教师全面贯彻体育教育方针,在对体育教学规律进行深入探究的基础上,改进体育教学理念,总结体育教学经验,明确优势与不足,不断提高小学体育教学的质量和水平。

第二,小学体育教学评价要能够为学生的体育学习指明前进的方向,即小学体育教学评价要有助于学生明确自身在体育学习方面的优势与不足,以及自身的体育运动水平,确保学生的体育运动水平能够得到有效提升。

第三,小学体育教学评价要有助于体育课程的进一步建设以及明确体育教学领导工作进一步发展的方向。

(二)科学性原则

在进行小学体育教学评价时,必须确保其与小学体育教学的规律以及小学生的身心发展特点相符合,并能够体现小学体育课程的特点以及体育课程标准的性质和价值,这便是小学体育教学评价的科学性原则。

要保证小学体育教学评价的科学性,还要注意在设计体育教学评价的目标时要尽可能全面、客观、准确,并要合理地确定评价指标权重,以确保评价效果的信度和效度。

（三）系统性原则

在进行小学体育教学评价时，必须要确保从整体出发，全面、全过程地进行评价，并要确保评价的内容能够涵盖体育教学的各个领域和体育学习的各个层面，这便是小学体育教学评价的系统性原则。小学体育教学评价要有效地贯彻这一原则，需要做好以下几方面的工作。

第一，评价要涉及不同的角色，即学生、教师和宏观的体育教学工作，它们彼此既各自独立又相互联系。

第二，要用发展的眼光看待评价对象，并要通过历史性对比来把握其发展状况，促进其不断发展。

第三，要注意将小学体育教学融入社会生活的整体中去评价，这对于小学体育运动的健康发展是有一定帮助的。

（四）差异性原则

在进行小学体育教学评价时，必须要遵循差异性原则，具体表现在以下两个方面。

第一，不同的小学在发展状况、所拥有的体育运动发展条件等方面是有所不同的，因而对不同小学体育教学评价的指标、方法等应有一定的差异。

第二，每一个体育教师都是一个独特的个性，每一个学生也有着自身鲜明的个性，因而在开展小学体育教学评价时还必须要看到体育教师和学生的实际情况，以保证评价的针对性和有效性。

（五）发展性原则

小学体育教学并非静态的，而是处于不断地发展与完善中。随着小学体育教学的改革与完善，小学体育教学的思想与观念会不断完善，小学体育教学的方法和手段会日益多元化，小学生的身心特点也会出现新的特点，等等。与此同时，体育教学资源也处于不断地发展与完善过程中。基于此，在开展小学体育教学评价时，必须要用发展的眼光，动态地看待小学体育教学评价的效果。

第十章　小学体育教学评价的设计

（六）可操作性原则

在开展小学体育教学评价时,评价的指标必须是清晰、明确的,评价的方法必须是简便的、易于操作和普及的,这便是小学体育教学评价的可操作性原则。若做不到这些,则小学体育教学评价是无法顺利实施的,自然无法对小学体育教学的发展产生积极的影响,更无法推动小学体育教学改革的深入以及体育教师教学水平与学生体育运动水平的提升。因此,确保小学体育教学评价的可操作性是极为必要的。

四、小学体育教学评价的模式

小学体育教学评价的模式是否恰当,也会对小学体育教学的结果产生直接的影响。因此,在开展小学体育教学评价时,必须重视评价模式的科学选择。下面介绍几种小学体育教学评价中经常会用到的评价模式。

（一）自我评价模式

在进行小学体育教学评价时,适用于自我评价模式的情况有很多。比如,体育教师在对自身的教学情况进行衡量时,小学生在对自己的体育学习情况进行评价时,都可以采用自我评价模式。

这一小学体育教学评价模式有助于师生对自身进行更为清晰和全面的认知。在运用这一小学体育教学评价模式时,要确保其取得理想的评价效果,必须在评价过程中特别注意以下几个方面。

第一,要制订明确的自我评价标准。

第二,要将评价的重点放在体育教师的教学态度与教学行为,小学生的体育学习态度、学习行为和体育知识、体育运动技能的掌握与运用方面。

第三,要尽可能避免在评价中融入自身的功利动机,否则难以保证评价的客观性和真实性。

（二）他人评价模式

在开展小学体育教学评价时,他人评价模式的运行也是比较广泛的。这一评价模式的实施者不是体育教师,也不是小学生,而是学校的领导或是校外的专家等。

这一小学体育教学评价模式能够在很大程度上保证评价的客观性,但也有一些不足之处,如不利于调动师生的教学与学习的积极性,可能导致教学水平稍差的体育教师和学习能力较差的学生产生自卑心理,不利于其身心的健康发展。

(三)相互评价模式

在开展小学体育教学评价时,相互评价模式也是一种重要的评价模式。这一评价模式实际上就是通过小型的集体讨论进行互相评定。

这一小学体育教学评价模式有助于评价者积极参与到评价活动中,也有助于提高人们对于评价活动的重视程度,还能在一定程度上促进评价者评价能力的提升。在运用这一小学体育教学评价模式时,要确保其取得理想的评价效果,必须在评价过程中特别注意以下几个方面。

第一,要制订明确、统一的评价标准,否则会导致评价的结果存在较大差异,影响评价的准确性。

第二,要将评价的重点放在体育教师的教学态度与教学行为,小学生的体育学习态度、学习行为和体育知识、体育运动技能的掌握与运用方面。

第三,要注意对被评价者的教学和学习行为进行记录。在开展这项工作时,必须有效地运用录音与录像这两种记录方式。

第二节 小学体育教学评价的内容与方法设计

一、小学体育教学评价的内容设计

只有确定了小学体育教学评价的内容,才能有针对性地开展教学评价工作。因此,必须要重视小学体育教学评价内容的设计。具体来看,在对小学体育教学评价的内容进行设计时,应包含以下几方面的内容。

第十章 小学体育教学评价的设计

（一）小学生的体育学习评价设计

在小学体育教学活动中，教学对象以及教学的主体都是小学生，而且小学生的体育学习态度、学习行为和学习方法等会对小学体育教学的效果产生重要的影响。因此，对小学生的体育学习情况进行评价是小学体育教学评价的一项重要内容。在针对这一评价内容进行评价设计时，以下几个方面应特别予以注意。

第一，要确保对每一个学生都进行评价，而且要考虑到学生存在的个性差异，使每一个学生都能明确自己在体育学习方面的优势与不足，继而有针对性地改善自己的学习情况，使自己切实在体育学习中有所收获。

第二，要将学生的现实表现以及学生未来可能达到的学习水平都纳入评价内容中，以确保评价的全面性、客观性和准确性。

第三，要尽可能从情感态度与价值观、过程与方法、知识与技能三个层面对学生进行评价。也就是说，在开展小学体育教学评价时，必须要重视小学生的体育学习兴趣、学习态度和学习行为，体育学习的方法与手段、体育知识和体育技能的掌握与运用等内容的评价。从这三个方面对小学生的体育学习进行评价，可以在很大程度上保证评价内容的直观性、全面性和系统性，还能帮助小学生切实对自身形成深刻的认知，继而更有效地参与体育学习活动，在体育学习活动中不断有所收获。

第四，既要重视学生学习结果的评价，也要重视学生学习过程的评价。只有将二者切实组合在一起进行评价，才能保证评价结果的准确性和全面性。

第五，要尽可能对学生进行积极、正面的评价，少用或尽可能不用消极、负面的评价。这样做能够使学习评价充分发挥增进学生的学习兴趣、提高学生的学习自信心的作用。需要注意的一点是，对学生的积极、正面评价必须符合学生的实际情况。

第六，要将学生的所有体育学习活动以及所有体育学习环节都纳入评价中，不可只注重对某一或某几个环节的评价。

第七，要提前制订具有可行性的评价方案，内容要涉及评价指标、评价内容、评价方法以及评价结果的呈现方式等。

(二)体育教师的体育教学评价设计

在小学体育教学活动中,教学的实施者以及教学的主导者都是体育教师,而且体育教师的教学思想和教学水平、专业化知识与技能水平、教学态度、教学方法等都会直接影响小学体育教学的效果。因此,对体育教师的体育教学情况进行评价是小学体育教学评价的一项重要内容。在对体育教师的体育教学评价进行设计时,应特别注意以下几个方面。

第一,要注意全面地评价体育教师的体育教学情况,尽可能将与体育教师教学活动相关的因素都纳入评价体系中,以保证体育教师教学评价的全面性和客观性。这样做有助于体育教师对自己的体育教学情况进行全面客观的了解,继而明确自己的教学优势以及有待进一步完善的地方,为自身的专业化发展提供有力的支持。

第二,要重视评价体育教师对待学生的态度,如教师是否充分尊重学生、是否遵循小学生的身心发展特点来开展体育教学活动等。

第三,在进行体育教师的体育教学评价设计时,要关注体育教师对练习密度与运动负荷的安排是否恰当。

第四,在进行体育教师的体育教学评价设计时,要关注体育教师是否能结合教材特点和教学活动的特点,有意识、有目的地对学生进行思想品德教育,把思想政治工作有机地融合在体育教学中。

(三)小学体育课程管理与课程发展评价设计

在开展小学体育教学评价时,体育课程管理与课程发展评价也是一项重要内容。在针对这一评价内容进行评价设计时,以下几方面的内容必须特别予以注意。

第一,学校领导对待体育运动的态度,即是否支持体育教学、是否重视创设有利的条件促进体育教学的开展等。

第二,学校所设置的体育教育机构是否合理,责任划分是否明确,各个分支机构是否都重视发挥自己的作用,相互之间是否能够进行有效的沟通与交流。

第三,学校是否形成了良好的体育运动氛围。

第四,学校所开设的体育课程是否合理,以及所开始的体育课程是

第十章 小学体育教学评价的设计

否得到有效实施。

第五,学校的体育师资队伍是否有较高的专业化水平,以及学校是否重视对体育教师队伍的培训与完善。

第六,学校是否配备了较为完善的体育设施设备来支持体育教学活动的开展。

第七,学校是否重视课外体育活动以及课外体育活动是否得到了有效开展。

二、小学体育教学评价的方法设计

小学体育教学评价能否取得理想的效果,与其选择的评价方法是否恰当也有直接的关系。因此,小学体育教学评价方法设计也是小学体育教学评价设计的一项重要内容。就当前来说,常用的体育教学评价方法主要有以下几个。

(一)观察评价法

这一小学体育教学评价方法的运用是较为广泛的。借助于这一评价方法,体育教师可以随时对学生的学习状况进行掌握,并以此为依据对自己的教学活动进行相应调整,以保证教学的有效性。此外,体育教师的教学情况也会被学校领导或是其他的教师作为观察的对象,明确其在教学中的优势与不足,继而帮助其进一步完善自己的教学技能,提高自己的教学水平。

在运用观察法进行体育教学评价时,应特别注意以下几个方面。

第一,观察的目标必须要明确。

第二,观察项目、观察方法等必须围绕观察目标来确定,否则会导致观察项目和观察方法的无效性。

第三,要做好观察内容的记录工作,而且要保证记录内容的客观性、准确性和全面性。

(二)测验评价法

在小学体育教学评价中,测验法也是经常会用到的一种评价方法。在运用这种评价方法时,体育教师要想保证评价的信度和效度,必须在评价之前明确测验的目的、测验的内容以及测验的评价指标等。

（三）体育学习手册评价法

这种小学体育教学评价方法，有助于总体把握学生在某一阶段的学习情况。此外，针对学生的体育学习所设计的体育学习评价手册可以一直跟随学生，为其今后的体育学习提供重要的参考。

在运用这一小学体育教学评价方法时，要想取得良好的成效，还必须注意以下几个方面。

第一，要对学生在某一阶段的体育学习情况和体育学习成果进行客观记录，还要记录体育教师对于学生学习情况的评价。

第二，学生参与家庭体育和社会体育的情况会影响其对待学校体育的态度，因而也应将这一方面的情况纳入体育学习手册中。

第三，体育学习手册中的评价应以鼓励性评价为主。

（四）学习卡片评价法

这种小学体育教学评价方法有助于对学生在某一阶段的体育学习情况进行跟踪，继而帮助体育教师全面、客观地掌握学生的体育学习情况；也有助于学生系统全面地认知自身，明确自身在体育学习方面具有的优势以及存在的缺陷，继而采取有针对性的措施来进一步发挥优势，弥补缺陷。如此一来，学生的体育学习便能不断取得良好的成效，学生的体育运动水平也能得到不断提高。

在运用这一小学体育教学评价方法时，要想取得良好的成效，还必须注意以下几个方面。

第一，要着重跟踪学生的课堂体育学习情况，也可以将学生的课外体育开展情况进行跟踪。

第二，要对学习卡片的内容进行合理设计，确保所有的内容都是可以进行操作与评价的，并且内容的完成情况可以用文字进行客观记录。

第三，要将学生参与体育运动的具体情况记录下来，包括学上参与体育运动的时间、参与的具体活动、在体育学习中的变化等。

第三节 小学体育教学评价的组织与实施设计

一、小学体育教学评价的组织设计

小学体育教学评价能否顺利实施以及最终的实施效果，都会受到评价组织情况的影响。因此，做好小学体育教学评价的组织设计工作也是十分重要的。在具体开展这项工作时，应着重从以下两方面着手。

（一）选择恰当的评价人员

在进行小学体育教学评价组织设计时，关键的一点是选择恰当的评价人员。评价人员的综合素养会对小学体育教学评价的结果产生直接影响，因而必须要确保评价人员满足以下几个条件。

第一，小学体育教学评价人员应对评价的内容有相对全面的了解与较为深入的认知。

第二，小学体育教学评价人员应具备专业的评价理论知识，而且要具备相对丰富的评价经验。

第三，小学体育教学评价人员应熟悉小学体育教学工作，并具有广阔的知识面。

第四，小学体育教学评价人员应正直、公平、原则性强、仔细认真、尊重他人等。

（二）构建完善的评价机构

通常来说，小学体育教学评价机构应包括以下几方面。

第一，常设性机构。在评价机构中，常设性机构是最具有稳定性的一个机构，而且最具有权威性。此外，这一机构要对整个评价工作进行领导与组织。

第二，临时性机构。这一评价机构是根据实际情况而临时成立的，一旦完成了评价工作便会解散。需要注意的是，临时评价机构的人员也必须具有专业性。

第三,弹性机构。这一评价机构主要由两部分人员组成:一部分是相对固定的核心成员;另一部分是流动性较大的相关部门代表,而且这一部分人员要根据具体的评价任务和评价对象来予以确定。

二、小学体育教学评价的实施设计

在进行小学体育教学评价实施设计时,应包括以下几方面的内容。

(一)确定小学体育教学评价的目的

在进行小学体育教学评价时,关键性的一步是明确评价的目的。只有评价目的明确,才能有针对性地开展评价工作,具体包括确定评价的内容、选择评价的方法和组织形式等。比如,在对优质体育课进行评选时,可以采用听课、与体育教师交谈、向学生发问卷等多种评价方法,还可以采用终结性评价,根据体育课最终所呈现的效果确定最优者。

(二)成立小学体育教学评价机构

前面说到,小学体育教学评价机构主要由三部分组成,即常设性机构、临时性机构和弹性机构。这表明,小学体育教学评价机构的成立必须遵循客观性原则,即评价的具体情况不同,所成立的评价机构也应有所差异。不过,无论成立哪一种评价机构,都必须确保其具有权威性。

(三)制订小学体育教学评价的标准和指标体系

在明确了评价的目的、成立了评价的机构后,还需要对评价的标准和评价的指标体系进行确定。为此,需要进一步具体化小学体育教学评价的目的,使其呈现出多层次的具体目标体系。一旦确定了具体的评价目标体系,就可以此为依据来制订评价的标准与评价的指标了。需要注意的是,所制订的小学体育教学评价标准和指标必须是客观的、准确的,可以进行衡量的。

(四)收集小学体育教学评价的相关信息

在开展小学体育教学评价时,必不可少的一个环节便是收集与评价相关的信息。获取信息的质量(可靠性和有效性),在很大程度上取决于收集信息的方法和过程。其中,观察法、访谈法、问卷法、文献资料法、测验法等是常用的信息收集方法。

此外,在收集相关信息的过程中,要注意对多种信息收集手法进行综合运用,以保证信息收集的全面性和准确性等。

(五)判断小学体育教学评价的结果

在对小学体育教学评价的相关信息进行收集后,需要以这些信息为依据得出最终的评价结果。小学体育教学评价的结果不仅要注意综合判断评价对象,而且要明确评价对象在教学过程中呈现出的优势以及存在的不足,并提供一些办法或措施来弥补不足。具体而言,可从以下几个方面着手对小学体育教学评价的结果进行处理。

第一,对评价的结论、意见或建议进行反馈。在进行这项小学体育教学评价结果的处理时,需要与评价对象进行面对面的交流,以便将评价的结论、意见或建议全面、准确地反馈给评价对象。此外,评价人员在结束评价后,还需要对评价对象进行定期回访,以明确评价结论、意见和建议是否得到有效落实。

第二,对评价活动本身的质量进行评价。进行这项活动的目的是总结评价活动的经验,为下一次更为科学有效地开展评价活动提供依据。

第三,撰写评价报告。在完成一次评价活动后,还应以书面的形式将评价的过程、评价的结果等进行呈现。

第四,在评价实施过程中及时对不当之处进行修正。在进行小学体育教学评价时,不管提前制订的评价方案多么完善,也有可能出现与实际不相符或未预测到相关情况的现象。一旦出现了这些情况,就需要及时对原定的评价方案进行修改,以确保获得良好的效果。

第四节 小学体育教学评价设计的注意事项

小学体育教学评价设计是一项智力工作,涉及很多的内容,工作量很大。要保证这项工作的顺利开展,就必须注意以下几个方面。

一、要以学生能力发展为导向进行小学体育教学评价设计

在进行小学体育教学评价设计时，必须要以学生能力发展为导向。为此，在具体的小学体育教学评价设计过程中要特别注意以下几个方面。

第一，在评价的价值取向上，要实现教学评价观由"为掌握而评"向"为发展而评"的转变，体现促进学生的发展和尊重学生的个性。在评定成绩时，要注意学生自身的发展和进步幅度。在教学评价中，要淡化选拔意识，强化激励功能。

第二，在评价主体上，要实现由教师的单一评价向师评、自评和互评的综合评价模式转变，尊重学生的互评与自评，使学生在自评和互评中了解自己的学习效果。真正了解自我、驾驭自我、提高自我，产生主动学习的内驱力。

第三，在评价的重点上，要实现以重视"体能、技能"量化指标的评价向以态度、情意表现和合作精神等软性指标的评价转变，重视定性评价的价值，激发学生的学习行为动机，强化其主动学习意识，以表扬鼓励为主，肯定学生的点滴进步，发现学生学练中的闪光点，增强学生的自信心。

第四，课堂教学评价的设计要多样化，重视通过表演、展示、口头演说、团队合作计划、让学生完成作品或任务等多种方式，考查学生对知识和技能的实际运用与完成任务的能力。

二、要保证各个层次小学体育教学设计之间的内在联系

小学体育教学评价设计可以分为小学体育学段教学评价设计、小学体育学年教学评价设计、小学体育学期教学评价设计、小学体育单元教学评价设计和小学体育课时教学评价设计等不同的层次。由于学段、学年、学期、单元和课时教学之间有着密不可分的关系，因而在具体进行小学体育教学评价设计时，要确保各个层次的教学评价设计不会出现脱节现象，也不能自相矛盾，而是要彼此衔接、环环相扣。只有做到了这一点，不同层次的小学体育教学设计才能形成一个有机的整体。

第十章　小学体育教学评价的设计

三、小学体育教学评价设计要做好"三个结合"

第一,定量评价和定性评价相结合。在强调数量计算的客观化、标准化、精确化、数量化、简便化等的同时,也要关注隐形指标和人文因素。

第二,师评、自评与互评相结合。让学生参与课堂教学评价,是教学评价逐步走向民主化的重要表现。让学生参与评价,可以使评价变成主动参与、自我反思、自我教育、自我发展的过程,有利于提高被评价者的主体地位,增进学生之间的了解和理解,易于形成积极、友好、平等、民主的评价关系,同时也有助于对被评价者的发展过程进行监控和指导,帮助被评价者接纳和认同评价结果,促进其不断自我改进,获得发展。

第三,过程性评价和终结性评价相结合。既重视在阶段学习或学期结束时进行评价,也重视在体育与健康课堂中经常性地对学生的各个方面进行评价,及时发现问题,促使学生有效学习和不断进步。在学生学习成绩评定上,尤其要重视建立学生学习的档案,以学生体育与健康课的学习档案、问卷调查、观察记录等作为重要的过程性评价依据。

四、小学体育教学评价设计要注意评价语言的鼓励性

在进行小学体育教学评价时,评价语言应具有激励性,既能激励先进,又能调节课堂气氛、培养学生自信和融洽师生关系。比如,教师鼓励的话语、满意的微笑、赞许的眼神、默许的点头都会使学生感受到关切和爱护,体验到成功的喜悦,课堂气氛因此和谐而愉悦。如有的学生上课认真、表现好时,给他一个赞许的目光;有的学生紧张,在练习技术动作时缩手缩脚,教师投以鼓励、信赖的目光,鼓励他继续做下去。这种符合学生实际的评价与鼓励可以使学生信心百倍,学习兴趣大增,从而有效提高学生学练的积极性和课堂教学效果。

五、小学体育教学评价设计要面向全体学生

在体育课堂上,表现优秀的学生比较容易引起体育教师的注意,而

学习进步慢的学生往往容易被忽视。在课堂中,经常有些同学畏畏缩缩,胆子小或性格内向。学习进步慢的学生一般有肥胖学生、内向的学生、不爱运动的学生和体态瘦小的学生,这一部分学生参与学练的积极性不高、兴趣不大。如果教师长时间对他们置之不理,任其发展,就会导致这些学生放弃学练,不思上进。基于这一情况,在开展小学体育教学评价设计时,要注意将全体学生都纳入评价中,确保全体学生都能有所进步。

参考文献

[1] 陈曙. 小学体育教学 [M]. 北京：北京师范大学出版社, 2016.

[2] 王茂利. 大学体育与健康 [M]. 西安：西北大学出版社, 2019.

[3] 杜志锋. 体育与健康 [M]. 北京：北京理工大学出版社, 2019.

[4] 董翠香. 小学体育与健康教学设计 [M]. 北京：高等教育出版社, 2020.

[5] 罗荣汶. 小学体育教育教学创新与发展研究 [M]. 北京：北京工业大学出版社, 2019.

[6] 王选琪, 邵晓军. 大学体育教程 [M]. 西安：西安电子科技大学出版社, 2014.

[7] 周平, 翟素琴. 大学体育教程 [M]. 西安：西安电子科技大学出版社, 2013.

[8] 姜明. 现代学校体育教学研究 [M]. 武汉：湖北科学技术出版社, 2013.

[9] 李建华. 学校体育教育理论与实践 [M]. 长春：吉林大学出版社, 2012.

[10] 吴峰山. 体育教育学 [M]. 太原：山西人民出版社, 2008.

[11] 潘林. 小学体育教学评价 [M]. 长春：东北师范大学出版社, 2005.

[12] 张松奎. 体育教育学 [M]. 徐州：中国矿业大学出版社, 2013.

[13] 周奕君, 郭强作. 中小学体育教学法理论与实务 [M]. 北京：中国原子能出版社, 2020.

[14] 石峻, 谈力群. 小学体育教育实践与探索 [M]. 芜湖：安徽师范大学出版社, 2015.

[15] 高俊霞. 小学体育教学策略与案例分析 [M]. 石家庄：河北美术出版社，2017.

[16] 唐军良. 中小学体育教学技能训练的理论与实践 [M]. 长春：吉林人民出版社，2021.

[17] 闫文. 小学体育教学模式研究 [M]. 北京：光明日报出版社，2018.

[18] 申映辉. 小学体育课程设计及教学质量提升探索 [M]. 太原：山西经济出版社，2020.

[19] 宋旭，游永豪，李晓静. 中小学体育教学研究方法 [M]. 武汉：武汉大学出版社，2016.

[20] 李玉英，宋超美. 小学体育与健康新课程教学探索 [M]. 厦门：厦门大学出版社，2015.

[21] 湖南省教育厅. 小学体育教学论 [M]. 长沙：湖南科学技术出版社，2009.

[22] 朱晓春. 小学体育课程与教学论 [M]. 长春：东北师范大学出版社，2014.

[23] 崔丽. 中小学体育教学方法研究 [M]. 北京：现代出版社，2020.

[24] 罗荣汶. 小学体育教育教学创新与发展研究 [M]. 北京：北京工业大学出版社，2019.

[25] 季谢云，辛桂芹. 小学体育教学实践 [M]. 北京：现代出版社，2018.

[26] 袁筱华. 新时代体育传播的价值 [J]. 中国广播电视学刊，2020（5）.